Für meinen Vater,
der mein erster
Lehrmeister am
Berg war.

Reinhold Messner

Bergsteiger werden mit Reinhold Messner

BLV Verlagsgesellschaft
München Wien Zürich

CIP-Kurztitelaufnahme der Deutschen Bibliothek

Messner, Reinhold:
Bergsteiger werden mit Reinhold Messner / Reinhold Messner. – München; Wien; Zürich: BLV Verlagsgesellschaft, 1984.
(blv sport)
ISBN 3-405-12814-5

Bildnachweis

Titel: Die Geislerspitzen, Dolomiten; Reinhold Messner in einem Kamin der Cinque Torri. Foto: Archiv Messner
Seite 2/3: Gipfelgrat der Suldenspitze, Ortler-Gruppe. Foto: Archiv Messner

Toni Angermayer (Hans Pfletschinger): Seite 38 (u. li.)
Manfred Danegger: Seite 38 (o., u. Mitte)
Siegfried Eigstler: Seite 39 (o. Mitte, mittlere Reihe Mitte u. re., u. li.)
Hermann Eisenbeiss: Seite 39 (o. li., Mitte li., u. Mitte, u. re.), 90 (li. u. re.), 91 (alle)
Claus Keidel: Seite 42 (li. o., li. u., re. u.), 43 (li. u.)
Peter Keill: Seite 76 (o.), 77, 79 (o.)
Reinold Leitner: Seite 58/59
Archiv Messner: Seite 2/3, 6/7, 8, 9, 11, 13, 14, 15, 18/19, 22, 23, 26, 27, 28, 29, 30, 31, 32, 33, 34, 35, 36, 37, 42 (re. o.), 43 (re. u.), 46, 47, 48, 49, 50, 51, 52, 53, 54, 55, 57, 59, 60, 61, 62, 63, 64, 65, 66, 67, 68, 69, 70, 71, 72 (li.), 73, 75, 78, 80, 81, 82, 83, 84, 86, 87, 88, 89, 90, 93, 94, 95, 96, 97, 98, 99, 101, 102, 103, 104, 105, 106, 107, 108 (li.), 109 (u.),110, 111, 112, 113, 114, 115, 116, 117, 118, 119, 120, 121, 122, 123, 124, 125, 126, 127, 128, 129, 130, 131, 132, 133, 135, 136, 138, 139, 140, 142, 143
Hans Reinhard: Seite 38 (u. re.)
Dieter Schacht: Seite 39 (o. re.)
Vittorio Sella: Seite 10/11 (Mont Blanc du Tacul vom Vallée Blanche), 45, 85
Hans Steinbichler: Seite 44, 45
Peter Stückl: Seite 100 (alle), 108 (3), 109 (o.)
Archiv Uselmann: Seite 74/75, 76 (u.), 79 (u.)

Die historischen Skizzen wurden entnommen aus:
C. T. Dent: Hochtouren – Ein Handbuch für den Bergsteiger. Verlag von Duncker & Humblot, Leipzig 1893.
E. Zsigmondy: Die Gefahren der Alpen. A. Edlinger's Verlag, Wien u. Leipzig 1885.
E. Zsigmondy: Im Hochgebirge. Verlag von Duncker & Humblot, Leipzig 1889.

Grafiken Seite 16/17, 40/41: Egon Quitta

Gesamtherstellung: Passavia Passau

Printed in Germany · ISBN 3-405-12814-5

Inhalt

Bergsteiger werden

Als Bergsteiger wird man nicht geboren. Bergsteigen muß man erlernen. Dabei kommt es weniger darauf an, möglichst viele Knoten, Kniffe oder Seiltechniken zu beherrschen, als vielmehr das Überleben in der unberührten Natur zu üben. Dabei stützen wir uns auf die Erfahrung früherer Bergsteiger-Generationen, auf die Ratschläge von Lehrmeistern, auf die paar guten Lehrbücher. Das Wichtigste aber ist und bleibt immer die eigene Tat. Drei Gründe sind es, die mich veranlassen, eine Bergsteiger-Fibel zu schreiben: Einmal die vielen Unfälle im Gebirge, von denen die meisten bei richtigem Verhalten zu vermeiden wären. Zweitens meine eigenen Erfahrungen mit Kletterschülern, die ich im Rahmen meiner Alpinschule und einer Lehrfilmserie fürs Fernsehen betreute, sowie die Resonanz aus dieser Lehrtätigkeit; die Bitte, meine »Kletterschule« niederzuschreiben, höre ich täglich. Zum dritten ist es die Tatsache, daß die meisten modernen Lehrbücher zu technisch, zu wissenschaftlich sind. Technik, Ausrüstung und Ziele unterliegen der Mode. Was sich nicht ändert, sind die Berge und ihre Gefahren.

Das erste Lehrbuch der alpinen Geschichte, »Die Gefahren der Alpen« ist 1885 zum erstenmal erschienen. Es ist heute noch vorbildlich.

Die
Gefahren der Alpen
Erfahrungen und Ratschläge
von Emil Zsigmondy
EMIL ZSIGMONDY
Mit dem Bildnis E. Zsigmondys von W. Münch, sowie Abbildungen nach Zeichnungen von O. Barth, W. Münch, E. Platz, und Photogrammen
Wien und Leipzig
A. Edlinger's Verlag

Mein erstes Lehrbuch, das ich als Vierzehnjähriger verschlang, gab mir ein bescheidenes, aber solides Wissen über die Alpen und das Bergsteigen.

Meine Entwicklung zum Bergsteiger

Als ich vor mehr als 30 Jahren zum erstenmal auf einen richtigen Berg stieg, auf den Sass Rigais in der Geislergruppe, beschränkte sich meine Welt noch auf einen sehr engen Raum. Ich ahnte zwar, daß die Erde größer war als mein Heimattal in den Dolomiten, wußte aber nicht viel von ihr. Auch über die Alpen und das Bergsteigen hatte ich wenig oder keine Ahnung.

Auf der Gschmagenhart-Alm am Fuße des Sass Rigais verbrachte ich viele Sommer.

Jahrelang haben meine Brüder und ich die umliegenden Waldhügel und Almen »erforscht«. An die eigentlichen Felsberge, den Ruefen, den Peitlerkofel und die Geislerspitzen, trauten wir uns allein nicht heran. Nur zwei-, dreimal im Sommer nahm uns der Vater auf einen richtigen Gipfel mit. So lernten wir nach und nach die Schluchten zwischen den einzelnen Fermedatürmen kennen, wußten, wo Quellen waren, wann die Gemsen aus dem Puezkar auf die Villnösser Seite überwechselten. Wir konnten aus den Wolken das Wetter ablesen und auch dort ein Weiterkommen finden, wo es keinen Steig gab.

So war für mich das Auffinden von Routen im Fels später kein Problem. Wie ich als Kind beim Bergwandern den naturgegebenen Weg suchte und fand, erkannte ich später auch an senkrechten Felswänden relativ rasch, wo die ideale Kletterroute verlief. Meist studierte ich die Wände aus einiger Entfernung von unten, prägte mir die Linie ein und brauchte beim Klettern weder Skizze noch Routenbeschreibung.
Bei den wirklich extremen Klettertouren, die ich ab dem 18. Lebensjahr immer häufiger beging, waren Orientierungs- und Ausdauerprobleme zweitrangig. Jetzt kam es vor allem auf eine »saubere Sicherung«, Schnelligkeit und die richtige Ausrüstung beim Biwak an. Die Klettertechnik, vom Vater als Drei-Punkte-Regel erklärt, war im Grunde die gleiche geblieben. Wer mit drei Punkten – entweder mit zwei Füßen und einer Hand oder mit zwei Händen und einem Fuß – festen

Oft saß ich stundenlang am Einstieg einer großen Wand und prägte mir die Route ein. Hier die Pordoi-Nordwestwand.

Der Ehrgeiz, schneller und mit weniger Haken als die Erstbegeher die schwierigsten Alpenwände zu meistern, packte mich mit 20 Jahren. So kletterte ich die Philipp-Flamm-Route in der Civetta frei und ohne Bohrhaken im Rucksack.

Halt am Fels fand, kam hinauf und auch wieder zurück.
Im Rückblick muß ich sagen: Glücklicherweise ist damals keiner von uns je gestürzt! Das richtige Sichern habe ich erst später gelernt. Klettern konnte ich damals gut; wäre ich aber als Seilerster gestürzt – ich weiß nicht, ob unsere Sicherung gehalten hätte.
Anders war es im Eis. Erst als ich das Große-Wände-Bergsteigen beherrschte, wagte ich mich in steile Eiswände und kombinierte Touren. So bin ich – ohne es bewußt zu wollen – in meiner Entwicklung zum Bergsteiger mit allen Phasen vertraut geworden, die das Bergsteigen als Ganzes durchgemacht hat; und ich weiß, daß dieser langsame, stetige Lernprozeß die wichtigste Voraussetzung für mein Bergsteigerkönnen war.

Die Entwicklung eines jeden Bergsteigers soll – verkürzt – die Wiederholung der gesamten Entwicklungsgeschichte des Bergsteigens sein. Wer eine wichtige Stufe überspringt, bleibt unerfahren und gefährdet.

Mit Heini Holzer vor der Dachseillänge an der Rocchetta-Nordwand. Sauberes Sichern hatten wir von Sepp Mayerl gelernt.

Diese Erkenntnis kam mir viel später erst, später, als ich mit der Besteigung des Mount Everest ohne Sauerstoffmaske und einem Alleingang auf den Nanga Parbat die Grenzen meines Bergsteigens kennengelernt hatte. Heute, nachdem ich weiß, daß die Geschichte des Bergsteigens in aller Welt eine Fortsetzung der alpinen Geschichte ist, gehört diese Forderung nach stetiger Entwicklung zur Basis meiner Bergsteigerschule.

Das Studium unserer Vorläufer kann nicht nur Teil der Kultur eines jeden Bergsteigers sein, sie ist der ideale Leitfaden im Lernprozeß Bergsteigen.

Im Mittelteil der Ortler-Nordwand, die ich dreimal durchstiegen habe. Jedesmal war sie anders, von leicht bis schwierig. Heute wäre sie mir zu gefährlich.

In diesen 35 Jahren habe ich nicht nur die Natur der Berge kennengelernt. Auch Hitze, Kälte, Hunger und Müdigkeit sind mir vertraut geworden. Ich weiß heute, was Einsamkeit, Angst und Nacht sind. Und trotzdem bin ich kein »ausgelernter« Bergsteiger. Immer noch gilt es vor jeder Bergtour abzuwägen, ob ich bei meiner momentanen Verfassung den erwarteten Anforderungen gewachsen bin, immer wieder stehe ich Situationen gegenüber, die neu für mich sind. Meine Entwicklung zum Bergsteiger geht weiter.

Der Mount Everest von Norden. Der höchste Berg der Welt ist weder der schönste noch der schwierigste. Es hängt davon ab, wie man ihn besteigt. Auch allein und ohne wesentliche technische Hilfen ist jeder Aufstieg anders. Mehr noch – dieser und andere Berge verändern von Tag zu Tag ihren Zustand wie ein lebendiges Wesen.

Ausblick vom Gipfel des Nanga Parbat. Mit meinem Alleingang wollte ich keinen Rekord aufstellen, sondern eine Idee verwirklichen.

Bergsteigen heißt in und mit der Natur leben lernen; verlorene Instinkte zurückgewinnen. Bergsteiger werden ist ein lebenslanger Prozeß, der es uns und den nächsten Generationen erlaubt, in den Gebirgen dieser Erde wesentliche Erkenntnisse über uns selbst und die Natur zu gewinnen.

Alpine Geschichte

Vor 100 Jahren war die Besteigung des Matterhorns oder des Mont Blanc so problematisch wie heute die Besteigung eines Achttausenders. Und doch ist es grundsätzlich falsch, die bergsteigerischen Leistungen zweier verschiedener Epochen miteinander zu vergleichen. Um das Verständnis für den Alpinismus zu erleichtern, möchte ich die großen Entwicklungslinien nachzeichnen, die bahnbrechenden Erstlingstaten des Bergsteigens, beginnend mit der Erstbesteigung des höchsten Alpenberges, aufzählen. Mit der Erstbesteigung des Mont Blanc begann 1786 die Eroberungsphase des alpinen Bergsteigens, die mit der Erstbesteigung des Matterhorns im großen und ganzen abgeschlossen war. Im Vordergrund stand dabei der Wunsch, alle Gipfel zu erobern, egal mit welchen Mitteln. Es folgte die Zeit des Schwierigkeits-Alpinismus, die geprägt war vom Ehrgeiz, immer schwierigere Routen auf die bereits bestiegenen Gipfel zu legen, die »letzten Wandprobleme« zu lösen. Heute erleben wir den Beginn einer sportlich-spielerischen Phase des Bergsteigens. Das »Wie« steht im Vordergrund.

Paul Preuß, bedingungsloser Freikletterer.

Franz und Toni Schmid, 1931 in Zermatt.

Alpine Geschichte – Daten und Fakten

Johann Grill, genannt »Kederbacher«

Hermann von Barth

Georg Winkler

Alpin

1786 Dr. M. Paccard und J. Balmat, Chamonix, besteigen auf Initiative von de Saussure erstmals den Mont Blanc.

1787 Der Schweizer Naturforscher H. B. de Saussure besteigt den Mont Blanc im Rahmen einer Expedition mit 19 Gefährten.

1804 Auf Veranlassung Erzherzogs Johann v. Österreich gelingt J. Pichler, »Passeirer Josele« genannt, mit zwei Gefährten die Erstbesteigung des Ortler.

1864 Der Dolomiten-Erschließer P. Grohmann aus Wien erreicht mit den Führern A. u. F. Dimai den Gipfel der Marmolata.

1865 Nach vielen gescheiterten Versuchen und im Wettstreit mit dem italienischen Bergführer J. A. Carrel gelingt dem Engländer E. Whymper mit Lord Douglas, Ch. Hudson, Hadow sowie den Führern M. Croz und P. Taugwalder Vater und Sohn die Matterhorn-Erstbesteigung.

1868–1872 Die wichtigsten Gebirgsgruppen der Nördlichen Kalkalpen werden von H. v. Barth erschlossen.

1872 Erste Durchsteigung der Monte-Rosa-Ostwand durch W. M. und R. Pendlebury sowie C. Taylor mit den Führern F. Imseng, G. Spechtenhauser und G. Oberto.

1876 Die Pallavicini-Rinne am Großglockner wird vom Markgrafen A. Pallavicini mit Führern erstmals durchstiegen.

1878 P. Güßfeldt begeht mit Führern als erster den Biancograt am Piz Bernina.

1879 Zwei Führerlose, E. und O. Zsigmondy, erklettern den Feldkopf im Zillertal erstmals.

1881 J. Grill, »Kederbacher« genannt, führt den Wiener O. Schück erstmals durch die Watzmann-Ostwand.

1882 V. Sella, dem berühmten Bergfotografen, gelingt mit drei Führern namens Carrel die erste Winterüberschreitung des Matterhorns.

1887 Allein führt der 17jährige Münchner G. Winkler die erste Besteigung des schwierigsten der drei Vajolettürme (Winklerturm) durch.

1893 Erste Begehung des Peutereygrats am Mont Blanc durch P. Güßfeldt mit Chr. Klucker, E. Rey und C. Ollier.

1901 Einer Engländerin, B. Tomasson, gelingt mit den Führern M. Bettega und B. Zagonel die Erstbegehung der Marmolata-Südwand.

1912 Erstbegehung der Fleischbank-Ostwand durch H. Dülfer und W. Schaarschmidt.

1925 E. Solleder und G. Lettenbauer durchsteigen erstmals die Civetta-Nordwestwand.

1927 Erste Begehung der Sentinelle Rouge in der Brenvaflanke am Mont Blanc durch F. S. Smythe und T. G. Brown.

1931 Matterhorn-Nordwand-Erstbegehung durch F. und T. Schmid.

1935 Erstbegehung der Westlichen-Zinne-Nordwand durch R. Cassin und V. Ratti.

1938 Erstbegehung der Eiger-Nordwand durch A. Heckmair, L. Vörg, H. Harrer u. F. Kasparek.

1938 R. Cassin bezwingt mit G. Esposito und U. Tizzoni den Walkerpfeiler an den Grandes Jorasses.

1952 Erstbegehung der Dru-Westwand durch L. Berardini, A. Dagory, M. Lainé und G. Magnone.

1955 W. Bonatti erklettert allein den Drupfeiler.

1958 Mit der Zinnen-Direttissima leiten D. Hasse, L. Brandler, S. Löw und J. Lehne eine letzte hakentechnische Periode im Alpenklettern ein.

1965 Allein und im Winter führt W. Bonatti eine Erstbegehung im Zentralteil der Matterhorn-Nordwand durch.

1977 Mit der freien Erstbegehung der Pumprisse am Fleischbankpfeiler durch H. Kiene u. R. Karl setzt sich eine neue Ära des Freikletterns durch.

Michel Innerkofler

Angelo Dibona

Edmund Hillary

Außeralpin

Die Entwicklung des Bergsteigens in den außereuropäischen Gebirgen entspricht, verspätet eingesetzt und verkürzt, der Entwicklung der alpinen Geschichte.

1874 Erstbesteigung des Elbrus-Hauptgipfels im Kaukasus durch F. C. Grove, A. W. Moore, H. Walker, F. Gardiner mit P. Knubel.
1880 E. Whymper besteigt mit J. A. und L. Carrel den Chimborasso (6287 m) in den Anden von Ecuador.
1889 Erstbesteigung des Kilimandscharo durch H. Meyer und L. Purtscheller, dem erfolgreichsten Bergsteiger seiner Zeit.
1895 A. F. Mummery versucht den Nanga Parbat über die Diamirflanke.
1897 Der Bergführer M. Zurbriggen ersteigt den Aconcagua in den Anden.
1903 Erste Uschba-Überschreitung durch G. Leuchs, H. Pfann und L. Distel.
1906 Eine Expedition unter der Leitung des Herzogs der Abruzzen erschließt das Ruwenzori-Gebirge und ersteigt erstmals die Margheritaspitze.
1907 T. G. Longstaff ersteigt mit A. u. H. Brockerl sowie dem Träger Karbir den Siebentausender Trisul.
1909 Die Karakorum-Expedition des Herzogs der Abruzzen stellt an der Chogolisa einen Höhenweltrekord (7500 m) auf.
1913 H. Stuck, H. Karstens, R. Tatun und W. Harper besteigen erstmals den Mount McKinley in Alaska.
1921 Erste Everest-Expedition.
1922 Erstmals wird die 8000-Meter-Grenze überschritten – am Mount Everest von E. F. Norton, G. H. L. Mallory und T. H. Somervell (ohne Sauerstoffmasken!).
1924 G. H. L. Mallory und A. Irvine kehren von ihrem Versuch, den Gipfel des Mount Everest zu erreichen, nicht mehr zurück.
1928 Erstbesteigung des Pik Lenin im Pamir durch E. Allwein, E. Schneider und K. Wien, Mitglieder einer von W. R. Rickmers geführten deutsch-russischen Expedition.
1936 Erste Besteigung des Nanda-Devi-Hauptgipfels (7816 m) durch N. E. Odell und H. W. Tilman.
1950 Besteigung des ersten Achttausenders, der Annapurna I (8078 m), durch eine französische Expedition, wobei M. Herzog und L. Lachenal den Gipfel erreichen.
1953 Erste Besteigung des Mount Everest (8848 m) durch E. Hillary und Sherpa Tensing Norgay.
1953 H. Buhl bezwingt den Nanga-Parbat-Gipfel (8125 m) vom letzten Lager aus allein.
1954 Erstmals gelingt einer Kleinexpedition die Besteigung eines Achttausenders; der Leiter Dr. H. Tichy, S. Jöchler und Sherpa Pasang Dawa Lama erreichen den Gipfel des Cho Oyu.
1957 M. Schmuck, F. Wintersteller, K. Diemberger und H. Buhl ersteigen den Broad Peak (8047 m) ohne jegliche Fremdhilfe.
1963 Erste Überschreitung eines Achttausenders, des Mount Everest, durch eine amerikanische Großexpedition unter der Leitung von N. Dyhrenfurth.
1970 Im Expeditionsstil werden zwei große Achttausenderwände erstmals durchstiegen: die Annapurna-Südwand (D. Haston, D. Whillans) und die Rupalflanke am Nanga Parbat (G. und R. Messner).
1978 Die erste vollständige Alleinbesteigung eines Achttausenders über eine neue Route, im Alpenstil, gelingt am Nanga Parbat R. Messner.

Die Spielformen des Bergsteigens

Zwischen dem Wandern und dem Höhenbergsteigen, dem Schnellklettern, wie es in der Sowjetunion als regelrechter Wettkampfsport betrieben wird, und dem Sportklettern gibt es heute zahlreiche Spielformen des Bergsteigens.

Jeder, der aus eigener Kraft auf die Berge steigt, der Wanderer ebenso wie der extreme Kletterer, ist Bergsteiger. Keine Disziplin ist höherwertig als die andere, jeder Bergsteiger sollte den anderen tolerieren, auch wenn dieser einer völlig anderen Spielform nachgeht.

△ Der Bonatti-Riß in Urdukas, Baltoro, den ich 1979 kletterte. An diesen Felsen auf 4000 Meter gibt es viele Boulderprobleme.

◁ Angelo Dibona, *der* klassische Bergsteiger vor dem 1. Weltkrieg schlechthin, beging die Pordoi-Westwand.

Nicht die Höhe und nicht die Schwierigkeit sind entscheidend. Sie setzen nicht die alleinigen Maßstäbe für das Können eines Bergsteigers. Das aus eigenen Kräften erreichte Ziel, das Erlebte zwischen Aufbruch und Rückkehr machen die Bergtour aus. Bergsteigen war bis heute kein Zuschauersport. Je mehr es von unten, vom sicheren Boden aus, bestimmt werden kann, um so mehr verliert es an Abenteuer.

Im Khumbu-Eisbruch am Mount Everest – mehr Gefahren als Schwierigkeiten.

In diesem Buch befasse ich mich mit der Grundschule des Bergsteigens. Es ist als Leitfaden für die Entwicklung eines Bergsteigers konzipiert, nicht als Führer und auch nicht als alpines Lehrbuch. Ich will Anregungen geben und den Blick öffnen für alle wichtigen Fragen, die Berge betreffend; für alle Disziplinen des Alpinismus. Fragen der Technik habe ich der viel wichtigeren Problematik »Mensch und Natur« untergeordnet. Das Alpen-Bergsteigen betrachte ich nur als einen Teil des Alpinismus.
Die alpine Geschichte, die ich vorangestellt habe, soll uns auch helfen, die Routen und Wege, die wir begehen wollen, nach Schwierigkeit und Art einzuschätzen.

Die Erstbegehungsdaten sagen meist mehr über eine Führe aus als alle Beschreibungen.

△

Bergsteigen ist kein Beruf, auch nicht für mich. Bergsteigen ist ein Zustand. Dazu gehören das Unterwegssein, die Ungewißheit, das Auf-sich-selbst-Gestelltsein. Das gilt nicht nur für dieses Biwak am Nanga Parbat.

Nicht nur im Felsklettern, auch im Eisbergsteigen finden in der UdSSR alljährlich Vergleichskämpfe statt. 1983 war ich im Kaukasus mit dabei. ▷

Die »Hohe Schule des Bergsteigens« erarbeite ich als Fortsetzung zu diesem Bergsteiger-ABC, das jedem Leser Richtlinien geben soll, wie er das klassische Bergsteigen lernen kann. Routen bis zum V. Grad, Berge bis zu einer Höhe von 8000 Metern sind mit den Erfahrungswerten dieses Buches als oberste Grenze abgedeckt.

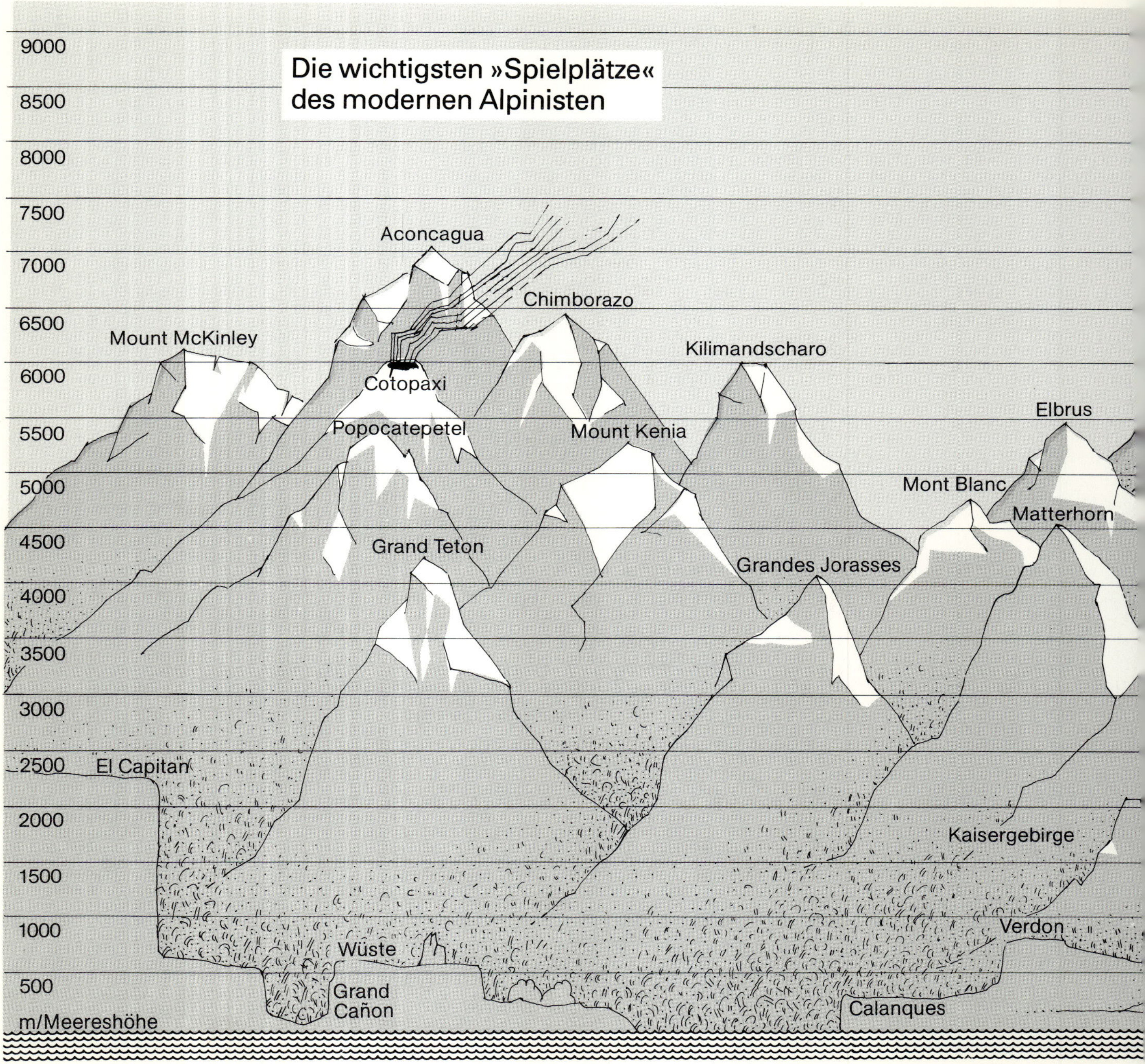
Die wichtigsten »Spielplätze«
des modernen Alpinisten
9000
8500
8000
7500
7000
6500
6000
5500
5000
4500
4000
3500
3000
2500
2000
1500
1000
500
m/Meereshöhe
Aconcagua
Chimborazo
Mount McKinley
Kilimandscharo
Cotopaxi
Popocatepetel
Mount Kenia
Elbrus
Mont Blanc
Matterhorn
Grand Teton
Grandes Jorasses
El Capitan
Kaisergebirge
Verdon
Wüste
Grand
Cañon
Calanques

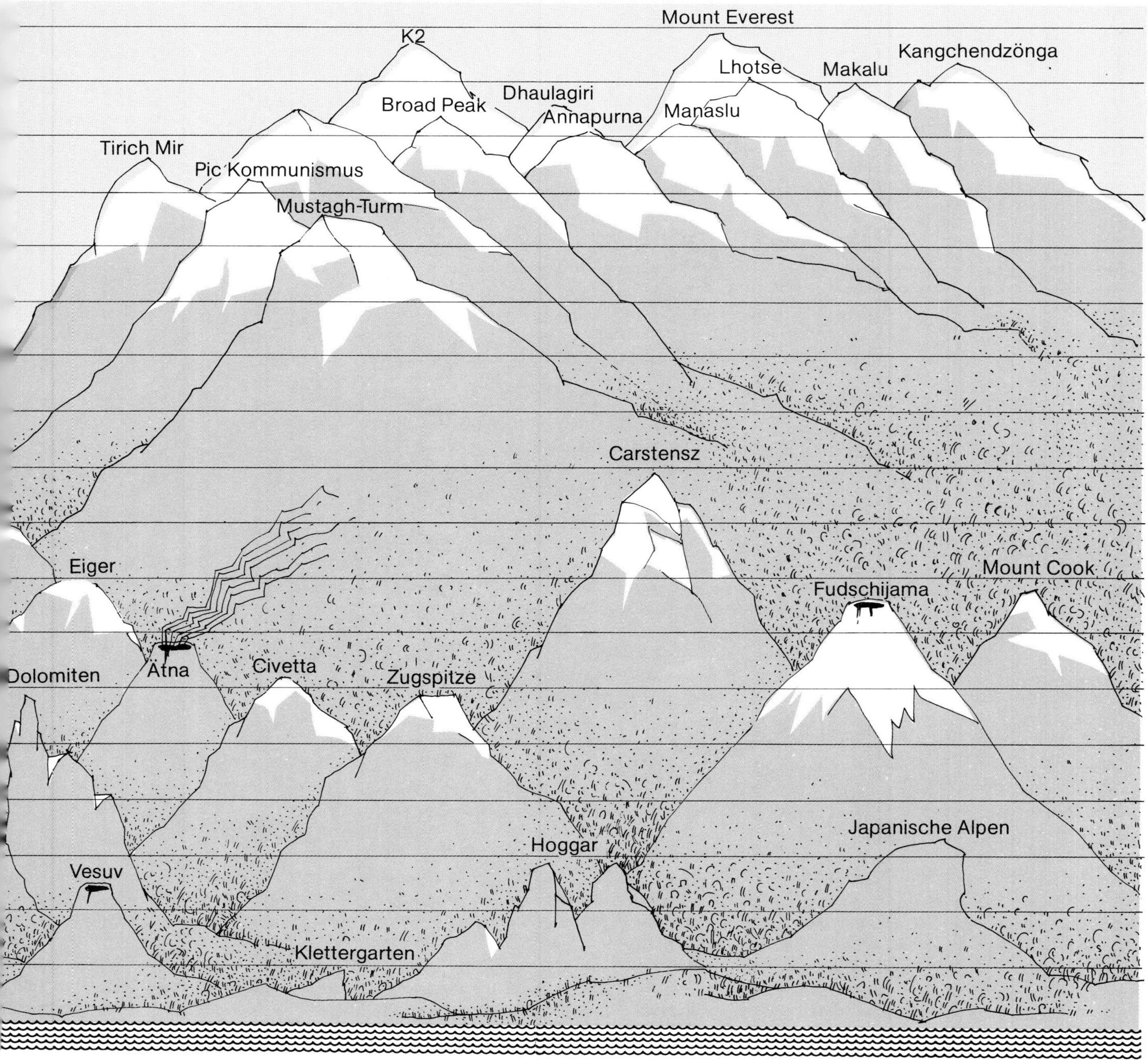
Mount Everest
K2
Kangchendzönga
Lhotse
Makalu
Dhaulagiri
Broad Peak
Annapurna
Manaslu
Tirich Mir
Pic Kommunismus
Mustagh-Turm
Carstensz
Eiger
Mount Cook
Fudschijama
Dolomiten
Ätna
Civetta
Zugspitze
Japanische Alpen
Hoggar
Vesuv
Klettergarten

Rückkehr zum klassischen Alpinismus

Das Bergsteigen im klassischen Sinne, also so, wie wir es als Tätigkeit von den Eroberern der Alpen übernommen haben, ist nicht Leistungssport. Logische Probleme – die Gipfel und Wände sind da – möchte ich mit den mir eigenen Erfahrungen und Kräften lösen. Diese Forderung ist heute untrennbar mit einem Verzicht auf technische Hilfsmittel verknüpft. Sie setzt absolute Sicherheit voraus. Denn je weniger sich ein Kletterer, eine Seilschaft, eine Expeditionsmannschaft auf technische Hilfsmittel verläßt, um so besser, sicherer muß sie sein, um so eleganter ist ihr Stil.
Da es im Alpinismus, vor allem seit der Zeit nach dem Ersten Weltkrieg, wenig Kontinuität im Stil, in der Verwendung von Hilfsmitteln wie auch in der Wahl der Ziele gab, rufen heute viele nach Tradition. Für mich bedeutet klassisches Bergsteigen nicht das Althergebrachte mit Nagelschuh und Hanfseil, es ist die Einstellung zu den Bergen als ein Stück Natur, die ich wieder wachrütteln möchte. Es geht mir um das Verständnis des Alpinismus als ein Abenteuer in einer geheimnisvollen Welt, in der jeder nach seinem Können Ziele finden kann. Nach dem Jahrzehnt der Bohrhaken-Direttissimas ist zwar das freie Klettern wieder Mode, nicht aber das Abenteuer Berg. Meine Form des klassischen Bergsteigens, das die ganze Persönlichkeit fordert, ist beseelt von der fairen Auseinandersetzung mit der Hochgebirgsnatur. Die meisten Kletterer unserer Zeit folgen weitgehend den Modetrends.
Aus der Sackgasse, in die das akrobatische Hakenklettern Anfang der sechziger Jahre geführt hatte, fand meine Generation zurück zum freien Klettern. Paul Preuß war bereits vor dem Ersten Weltkrieg mißtrauisch gegenüber dem Haken als Fortbewegungsmittel. Heute entspricht diese Haltung der skeptischen Einstellung vieler junger Kletterer, und es ist folgerichtig, wenn die Entwicklung dahin geht, daß beispielsweise die Solleder-Route an der Civetta-Nordwestwand so wiederholt wird, wie sie erstbegangen wurde. Die Routen von Preuß, Zsigmondy, Buhl dürfen von den Wiederholern nicht verunstaltet werden. Wenn wir heute ohne Sauerstoffmaske auf den Mount Everest klettern oder ohne Fixseile durch die Nordwand des Chamlang, ist auch dies auf die Rückbesinnung des »by fair means« von A. F. Mummery zurückzuführen.

Die Schleierkante an der Cima della Madonna – ein typischer »Klassiker«.

Nicht weil Paul Preuß, Gunther Langes oder Royal Robbins es gefordert haben, tendiert das Bergsteigen wieder zum klassischen Alpinismus. Die Einsicht, daß ausschließlich ein begrenzter Einsatz von technischen Hilfsmitteln beim Klettern, Routen mit möglichst wenig Vorgaben, den höchsten Erlebnisgehalt garantieren, hat das »Mit-Allen-Mitteln-Denken« verdrängt.

ABC des Bergsteigens

A

Anfangen sollte jeder Bergsteiger mit einfachen Wanderungen. Fast jeder, der sich langsam steigert, kann sich an die Ausgesetztheit gewöhnen, kann auch das Felsklettern erlernen. Kinder und bewegungsbegabte Menschen lernen es leichter. Doch ist es nie zu spät, mit dem Bergsteigen anzufangen; auch im Alter kann man es noch bis zu einer bescheidenen Meisterschaft bringen.

B

Berge und Modeberge Diese Unterscheidung wurde in unserer Zeit geprägt. Da die Zahl der Bergsteiger immer größer wird, die Zahl der Gipfel aber nicht, und da die meisten Alpinisten den am häufigsten beschriebenen Wegen folgen, sind Modegebiete und Modeberge entstanden. Da diese so überlaufen sind, daß vieles von dem, was wir in den Bergen suchen – Ruhe, Beschaulichkeit, Auf-uns selbst-Gestelltsein – verloren gegangen ist, bleibt zu hoffen, daß sich der Strom der Alpinisten bald wieder gleichmäßig auf die verschiedenen Berggebiete verteilt. In den Alpen und in den Bergen der Welt gibt es Platz genug für alle. Da das Bergsteigen eine sehr junge sportliche Betätigung ist, bleibt diese ungleichmäßige Verteilung hoffentlich eine momentane Wachstumskrankheit.

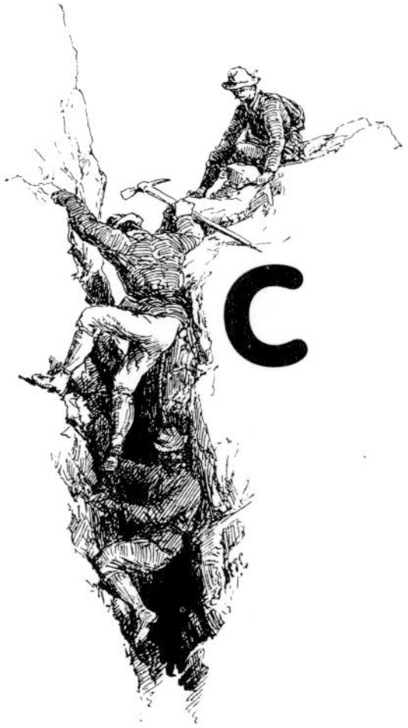

C

Chaotisches Losstürmen ist immer falsch. Schon die Vorbereitung einer Wanderung oder Bergtour verlangt Ruhe und Überlegung. Alles soll bedacht und wohl geplant sein. Das Bergsteigen ist und bleibt gefährlich, und die Kunst dabei wird es immer sein, der Gefahr in jedem Augenblick auszuweichen. Die »Disziplin des Risikos« setzt sehr viel Selbstkontrolle, Erfahrung und Selbstüberwindung voraus. Wer »sturheil« losrennt und zum Gipfel stürmt, lebt nicht lange. Überleben aber ist wichtiger als jeder noch so große Erfolg. Jede Tour unbeschadet zu Ende zu führen, muß das erste Ziel eines guten Bergsteigers sein; der Gipfel ist zweitrangig. So gesehen, ist Bergsteigen auch eine selbstauferlegte Schule der Disziplin.

D

Denken und Handeln gehen beim Bergsteigen Hand in Hand. Ein erfahrener Alpinist tut instinktiv das Richtige, weil er aus hundertfachem Erleben und dem Vorausvollzug auch im Unterbewußtsein weiß, was richtig oder was falsch ist.

Wir können uns unterwegs freimachen von überflüssigen Gedanken. Das »Sichleer-Wandern« ist eine Form der Meditation. Die Konzentration beim schwierigen Felsklettern führt häufig zu einer Identifikation mit dem Fels. Bergsteigen ist wichtig für die innere Ökologie, es hilft, mit unserem Gedankenmüll aufzuräumen, trägt zur geistigen Entschlackung bei. Für mich gehört zum Bergsteigen aber nicht nur die Tat, sondern auch die geistige Auseinandersetzung mit diesem Tun. Der Alpinismus hat eine sportliche und eine kulturelle Komponente.

E

Edelweiß Es ist so sehr in Beschlag genommen – als AV- und Partei-Abzeichen, Hütten- und Käse-Emblem –, daß dieses Klischee heute mehr als alles andere die Alpen symbolisiert. Dabei kommt die Pflanze ursprünglich aus dem Himalaya.
Das Edelweiß steht wie viele andere Bergblumen unter Naturschutz. Ein umweltbewußter Bergsteiger läßt im Gebirge grundsätzlich alle Pflanzen unberührt. Er sieht sie am liebsten in ihrer natürlichen Umgebung.

F

Frauen können ebenso gute Alpinisten sein wie Männer. Vielleicht steigen nur deshalb weniger Frauen als Männer auf die Berge, weil die Frau jahrhundertelang so unterdrückt worden ist, daß sie gar nicht auf die Idee kam, bergsteigen zu können.
Heute ist es den Frauen möglich, in fast allen Bergsteigervereinen Mitglied zu werden, an Expeditionen teilnehmen, Bergführer(innen) zu werden. Einige von ihnen sind besser im Fels als ihre meisten männlichen »Kollegen«. Wie in der Leichtathletik aber werden die Weltrekorde der Frauen hinter denen der Männer immer etwas nachhinken. Was jedoch die Ausdauer und Leidensfähigkeit angeht, sind Frauen den Männern häufig überlegen, und so ist es vermutlich nur eine Frage der Zeit, bis Frauen in einigen Sparten des Alpinismus richtungweisend sein werden.

G

Gipfel sind die höchsten Punkte der Berge. Es gibt keinen Berg ohne Gipfel. Das vielgepriesene Gipfelerlebnis aber ist nur ein kleiner Teil jeder Bergtour. Der Weg dorthin, der Abstieg gehören ebenso dazu. Kein Gipfel ist ein unkalkulierbares Risiko wert. Viele moderne Klettertouren enden nicht am Gipfel; »wenn ich aber fünf Meter unter dem Gipfel aus irgendeinem Grund umkehren muß, so habe ich den Gipfel eben nicht gemacht«, sagt Hermann Buhl richtig. Wenn die Gefahren zu groß werden, dreht ein erfahrener Bergsteiger trotzdem unter dem Gipfel um. Beim Abstieg ist er besonders vorsichtig, denn viele Unfälle passieren gerade hierbei.
Am Gipfel stand früher meist nur ein Steinmann. Alle übrigen Symbole – Wohlstandsmüll, Leninbüsten, Kreuze – sind in meinen Augen Umweltverschmutzung. Die Eintragung ins Gipfelbuch hat nur eine praktische Bedeutung. Ist der betreffende Bergsteiger vermißt, kann er leichter gesucht und gefunden werden.

H

Hotels und Hütten gibt es inzwischen in den Alpen mehr als genug. Für andere Gebirge besteht noch Hoffnung, daß sie ursprünglich bleiben. Daß sich ein Bergsteiger auf den Schutzhütten benimmt wie ein zivilisierter Mensch, finde ich selbstverständlich. Wer Hütten nur aufsucht, um hemmungslos zu grölen, zu saufen oder Leute anzupöbeln, nimmt den Bergsteigern Platz und Ruhe weg. Hütten sind ursprünglich als Stützpunkte für Bergsteiger gebaut worden und haben als solche ihre Daseinsberechtigung. Wir sollten sie nicht zweckentfremden.

I

Instinktiv erkundigt sich ein Bergsteiger vor dem Aufbruch nach dem Wetter. Eine Tour nicht zu früh und nicht zu spät im Jahr zu planen, eine Schönwetterperiode oder günstige Schneelage abzuwarten, tragen meist ebenso zum Erfolg bei wie die körperliche Verfassung. Das Wetterbarometer verrät uns viel über die äußeren Umstände der Tour. Das eigene

Selbstvertrauen, das Gefühl, ist wie ein inneres Barometer und sagt uns, ob wir unserem Vorhaben gewachsen sind.

J

Jodeln – heißt es – können alle Tiroler. Ich kann es nicht. So sehr ich Verständnis habe für die Lebensfreude eines Hirten oder Bergsteigers, der er mit einem Jodler Ausdruck gibt, so sehr kann ich mich über das Geschrei in den Bergen ärgern. Lärm jeder Art – dazu gehören Flugzeug- und Hubschrauberdröhnen, Schreien, Motorengeknatter – ist störend. Die »heilige Ruhe« in den Bergen sollte uns wirklich heilig sein.

K

Kameras sind eine großartige Erfindung für uns Bergsteiger. Wie könnten wir unserer Mitwelt sonst zeigen, was

Expeditionsspuren in Urdukas, Karakorum.

wir alles »gemacht« haben? Das Zeichentalent eines Eduard Whymper oder eines Adolf Schlagintweit, der in der Mitte des vergangenen Jahrhunderts große Teile des Himalaya erforschte, besitzen nur die allerwenigsten.
Der ideale Fotoapparat für den Bergsteiger ist leicht und robust. Bei großer Kälte versagen gelegentlich Batterien und Verschluß. Je höher wir steigen, desto schwieriger wird die richtige Belichtung. Mit der Kamera in der Hand verliert man das Gleichgewicht leichter, auch sollte häufiges Fotografieren bei der Zeitplanung berücksichtigt werden. Das Wichtiste bleibt, daß wir trotz des Fotografierens die Natur nicht nur durch den Sucher der Kamera sehen.

L

Leben geben den Bergen in erster Linie die Menschen, die seit Jahrhunderten in den Gebirgstälern und auf den Almen ihr Auskommen finden. Sie waren auch die ersten, die die Pioniere, meist Abenteurer und Forscher aus den Städten, in die Berge begleiteten. Später sind die geschicktesten Einheimischen Bergführer und Träger geworden. Es ist nicht unser Recht, sie bei der Arbeit zu stören; und es ist dumm, sie belehren zu wollen. Die Bergbauern haben ihren eigenen Lebensrhythmus, und wir Bergsteiger, kurzfristig zu Gast in ihren Tälern, sollten diesen respektieren.

M

Müll in den Bergen ist eine der schlimmsten Folgen des Massentourismus. Aber nicht nur die leeren Plastiktaschen, kaputten Flaschen und Dosen tragen bei zur Verschmutzung der Berge, sondern auch unaufgeräumte Basislagerplätze, ein Wust technischer Steighilfen in den Wänden und alle Arten von Markierungen. Wer seinen Namen oder den seiner Expedition auf Steine malt oder meißelt, dokumentiert neben seinem »Dagewesensein« auch seine Geschmacklosigkeit. Ein Bergsteiger freut sich, in möglichst unberührte Gegenden vorzustoßen, und er läßt keine Spuren in ihr zurück. Nur so sind die Gebirge als Urlandschaften zu retten.

Müll im Everest-Basislager, Nepal.

N

Nacht und Biwak in den Bergen gehören zusammen. Viele Bergsteiger fürchten sich vor beidem. Eine Nacht im Freien, im Fachjargon Biwak genannt, dauert lange. Gefährlich ist sie nur, wenn man keine sichere Stelle gewählt hat oder sich nicht genug warmhalten kann. Wer unvorbereitet und erschöpft zum Biwakieren gezwungen wird, sucht eine steinschlagsichere Lagerstelle, möglichst trocken, setzt sich auf den Rucksack und die übrige Ausrüstung und hält sich wach. Zwei und mehr Bergsteiger rücken ganz nahe zusammen, um sich gegenseitig zu wärmen. Im Biwakzelt oder Biwaksack, noch besser mit Liegematte und Schlafsack ist bei normalen Verhältnissen kein Freilager problematisch. Gefährlich aber ist es, nachts ziellos in der Gegend herumzuirren.

O

Oben und unten geben jeder Tour Spannung. Eines der Wunder der Berge besteht für uns darin, daß sie unendlich viel größer sind als wir Menschen und doch von uns bestiegen werden können.

Ein verantwortungsbewußter Bergsteiger studiert daheim die Literatur zum geplanten Aufstieg und wartet ideale Bedingungen sowie stabiles Wetter ab. Mit Fernglas und anhand der Karte sucht er von unten den Weg, identifiziert er sich mit den einzelnen Passagen. Sind wir oben, so verzerrt sich der Berg für unser Auge.

P

Probleme tauchen oft ganz unerwartet auf: ein Seil, das sich nicht abziehen läßt, ein Zwischenfall, ein unvorhergesehenes Gewitter. Zuerst überlegen und dann handeln! Oft löst bei hektischer Reaktion ein Problem eine Kette von Schwierigkeiten aus, und Serienunfälle sind die Folge. Beispiele dafür gibt es genug. Ein guter Bergsteiger zeichnet sich vor allem dadurch aus, daß er alle Probleme lösen kann. Er hat es in tausend kleinen Schritten gelernt und reagiert auf etwas für ihn noch nie Dagewesenes instinktiv richtig.

Q

Qualvoll und gefährlich ist es, falsch ausgerüstet auf steilen Hängen nach seltenen Blumen und Insekten zu jagen. Insbesondere grasbewachsene Felsen sind gefährlich. Wenn heute auch Bergunfälle seltener auf mangelnde Ausrüstung als auf fehlende Erfahrung zurückzuführen sind, so passiert es doch häufig, daß »Halbschuhtouristen« neben einer Seilbahnstation vom Weg abweichen, sich versteigen und tödlich abstürzen. Harmlos scheinende Steilhänge können bei Neuschnee oder Nässe besonders tückisch sein. Wie leicht ein Graspolster ausbricht, weiß jeder erfahrene Alpinist; auch daß es hinauf leichter geht als zurück. Der Neuling weiß es nicht. Also Vorsicht!

R

Rutschen ist am Berg fast immer gefährlich. Über unübersichtliche Grashänge, durch Schneerinnen, die in Geröll enden, und durch Schluchten rutscht kein erfahrener Bergsteiger ab, geschweige denn ein weniger geübter. Wenn man schon über unbekanntes Gelände absteigen muß, dann Schritt für Schritt und nicht auf dem Hosenboden rutschend. Auf einer glatten Eisfläche oder auch im Schotter vor einer Steilstufe kann das Rutschen im Nu zum tödlichen Sturz werden. Noch gefährlicher ist es, hintereinander abzurutschen, einen »Zug« zu bilden. Nur erfahrene Bergsteiger können bei übersichtlichen Schneehängen, die nicht in Abbrüchen oder Steinblöcken enden, abfahren. Dies geschieht mit dem Gesicht talwärts auf der Ferse, in den seltensten Fällen auf dem Hosenboden.

S

Stürze sind immer und überall zu vermeiden. Wenn ich als Bergsteiger auf etwas stolz bin, dann auf die Tatsache, daß ich als der die Verantwortung tragende Seilschaftsführer nie gestürzt bin. Die Sicherheit muß beim Klettern über der Sicherung stehen. Auch Seil und Haken dürfen über die Tatsache nicht hinwegtäuschen, daß Stürze gefährlich sind. Besonders im leichteren Klettergelände, mit üblicherweise wenig Zwischensicherungen, enden Stürze meist mit lebensgefährlichen Verletzungen oder tödlich. Ein guter Bergsteiger klettert immer etwas unter seiner Sturzgrenze und nicht ständig mit der Angst im Nacken. Die Angst ist ein natürliches Regulativ, auf das wir horchen müssen. Es gilt: Das Können ist des Dürfens Maß!

T

Tiere gibt es nicht mehr viele in den wirklichen Bergregionen. Um so wichtiger ist es, daß wir sie nicht vergrämen oder erschrecken. So sehr darauf zu achten ist, daß wir nicht Steine auf andere Bergsteiger oder ein Gamsrudel abtreten, so sehr muß auch darauf hingewiesen werden, daß Gemsen selbst oft Steine lostreten. Vorsicht also unter Felsstufen, auf denen Tiere äsen! Ein Steinschlaghelm ist aus diesem Grunde auf steilen, ausgesetzten Wanderwegen oft sinnvoller als in einer durchgehend überhängenden Kletterroute.

U

Unterkünfte die nicht bewirtschaftet sind, finden wir in vielen Bergregionen. Da sind einerseits die Almhütten der Einheimischen, die überall Privatbesitz darstellen und als solcher respektiert werden müssen. Berghütten, die für uns Alpinisten erbaut wurden, hinterlassen wir so sauber, wie wir sie selber gerne vorfinden möchten.

V

Verlieren sollte ein Bergsteiger unterwegs nichts. Man kann ja nicht für jeden Ausrüstungsgegenstand Ersatz mitnehmen. Und wie sähen die Gebirge in kürzester Zeit aus, wenn Wanderer wie Kletterer alles liegen ließen! Die Kunst, besonders bei langen Bergtouren, ist es, die Ausrüstung auf ein Minimum zu beschränken. Etwas zu verlieren, könnte dabei eine ernste Gefahr bedeuten. Verlustgefährdete Geräte, wie zum Beispiel Pickel, Steigeisen, Hammer, Eisschrauben, Handschuhe, werden in kritischen Situationen gesichert. Der Steinschlaghelm wird nur mit einem Sicherungsriemen versehen gekauft.

W

Welzenbach-Skala hieß die sechsstufige Schwierigkeitsskala mehr als 50 Jahre lang. Heute sagt man UIAA-Skala, und sie ist nach oben hin offen. Die UIAA (Union Internationale des Associations d'Alpinisme) ist der Dachverband der alpinen Vereine. Es gibt also nicht nur einen VII. und VIII. Grad, die Skala geht theoretisch bis Unendlich.
Das Bergwandern hört schon vor dem I. Grad auf. Beim I. Grad muß ein guter Kletterer da und dort die Hände einsetzen, um das Gleichgewicht zu halten. Im V. Grad müssen neben überdurchschnittlicher Erfahrung Ausdauer und Können vorhanden sein. II., III., IV. sind die Stufen dazwischen. Dieses Buch umfaßt das Bergsteigen bis zu diesen Schwierigkeiten und gibt Ratschläge für einen allseits erfahrenen Alpinisten. Vom VI. Grad aufwärts spricht man vom extremen Bergsteigen. Nur intensives Training und ausgefeilte Klettertechnik machen es möglich.

X

X ist nicht U Am Berg ist es unmöglich, dem anderen etwas vorzumachen. Das Können, die Ausdauer des einen durchschaut ein anderer Alpinist schnell, wenn sie zusammen unterwegs sind. Gefährlich und unverantwortlich ist es, wenn jemand noch im Tal dem künftigen Kletterpartner ein X für ein U vormacht. Vorsichtige Alpinisten steigen zwar nur mit Partnern, die sie kennen, aber der Bergführer zum Beispiel muß oft jemanden ans Seil nehmen, dessen Können er nicht abschätzen kann. Die Tour ist für beide sicherer und genußreicher, wenn der Erfahrenere den Weg auswählt und führt, der dem Schwächeren entspricht.

Y

Yetis bin ich bisher nirgends in den Bergen begegnet. Aber oft werde ich von Touristen bestaunt wie ein seltenes Tier. Die Einheimischen, ob im Himalaya, in den Anden oder in den Alpen, sind Menschen wie wir, und es ist taktlos, sie in ihren Häusern oder bei der Arbeit zu begaffen wie Tiere im Zoo. Niemand hat mit seinem Urlaub die Besichtigung der Ställe und Stuben am Ort gebucht. Allein schon durch unser Dasein beeinflussen wir die Weltsicht der Bergbewohner. Deswegen sollten wir ihnen mit Behutsamkeit und Achtung begegnen.

Z

Zurück von der Bergtour erzählt jeder gern, was er erlebt hat. Starke Erlebnisse wollen mitgeteilt sein. Zuhörer, die, angeregt durch solche Berichte, die entsprechende Tour selbst unternehmen, sollen sie möglichst genau einschätzen können. Und noch etwas: Wir Bergsteiger sind keine »besonderen« Leute, weder besser noch schlechter als die übrige Menschheit. Wer das Image vom »hehren Bergsteiger« pflegt, tut dem Alpinismus keinen guten Dienst. Wenn wir aus einem gewissen Sekten-Dasein, das dem Alpinismus heute noch anhaftet, heraus wollen, müssen wir das immer noch grassierende pseudoelitäre Gedankengut, das hinter dem »Berg Heil« steckt, aus unseren Hirnen verbannen.

Training

Ein regelmäßiges, systematisches Training ist für einen Bergsteiger, der keine besonderen Ambitionen hat, zwar nicht notwendig, aber doch sinnvoll. Da der Alpinismus mehr als viele andere sportlichen Tätigkeiten mit Gefahren verbunden ist, muß die körperliche Konstitution des Bergsteigers immer die beste sein. Wer nicht mehr zu leisten vermag, als die geplante Tour verlangt, sollte auf sie verzichten oder eine kürzere (leichtere) wählen und sie dann versuchen.
Grundsätzlich bereitet man sich auf das klassische Bergsteigen mit Ausdauerübungen vor. Gleichgewichts-, Finger- und Armtraining sind als Vorbereitung für schwierige Felstouren sinnvoll.

Die einfachste und beste Art des Trainings sind Bergtouren. Mit kleineren anzufangen und sich langsam zu steigern, ist das Geheimnis aller großen Alpinisten. Seil und Haken dürfen mangelnde Vorbereitung in keinem Fall ersetzen.

Mein Wintertraining besteht in erster Linie aus Dauerläufen in steilem Gelände. Für Expeditionen – rechts oben der 7492 Meter hohe Noshag im Hindukusch – reicht dies aus. Vor schwierigen Alpentouren – beispielsweise Matterhorn-Nordwand – mache ich auch Gleichgewichtsübungen (auf einem knapp über dem Boden gespannten Drahtseil, auf dem Brückengeländer), Kletterübungen (an alten Mauern oder kleinen Felsen) und Kraftübungen (an einer Strickleiter, Klimmzüge am Türrahmen). Allerdings lege ich jährlich eine Trainingspause ein. Mein Körper soll rasten können, das Bedürfnis nach Bewegung spüren.

Das Training für eine Klettertour in den Alpen ist anders als das für einen Siebentausender. Je höher der Berg, desto wichtiger ist die Kondition. Die Akklimatisation wiederum – für Berge ab 5000 Meter Höhe Grundvoraussetzung – ist ein zeitraubender Prozeß, der mit Kondition nur wenig zu tun hat. Als Faustregel gilt: Wir akklimatisieren uns für einen Fünftausender eine Woche, für einen Sechstausender zwei Wochen, für einen Siebentausender drei Wochen, für einen Achttausender vier Wochen lang.
Bergsteigen kann jeder gesunde Mensch lernen – der Sechsjährige ebenso wie der Sechzigjährige. Es ist in seiner einfachsten Form ebenso selbstverständlich wie Laufen. Eine besondere Eignung, stählerne Gesundheit oder außergewöhnliche Kondition sind dafür nicht Voraussetzung, aber von Vorteil. Mit fleißigem Training kann sich jeder steigern und an Sicherheit gewinnen.
Anders ist es mit dem Schwindel. Wem schwindlig wird, der sollte sich mit flachen Wanderwegen begnügen. Meist werden allerdings Schwindelanfälle und Angst miteinander verwechselt.

Meine Trainingsstrecke geht über 6 bis 8 Kilometer und 1000 Höhenmeter. Dabei laufe ich aufwärts langsam, möglichst auf den Fußballen. Abwärts gehe ich, um die Gelenke zu schonen.

Angst haben wir alle beim Bergsteigen. Sie ist nur durch langsamstes Sich-Steigern zu überwinden. Wer der Angst Todesmut entgegensetzt, lebt am Berg nicht lange.

Als Vorbereitung für Bergtouren gibt es in der toten Zeit einige Möglichkeiten, die fast jeder vor der eigenen Haustür findet: einen Klettergarten, altes Mauerwerk, Laufstrecken, Bäume. Wem Klettern Spaß macht, dem wird es ein Bedürfnis, sich zu bewegen. Das Training hört auf, Training zu sein. Besonders Laufen – Dauerlauf, Waldlauf, Berglauf – gehört dann zum Alltag.

Krafttraining und Übungen in der Turnhalle entsprechen als Ausgleichssport weniger den Anforderungen des klassischen Bergsteigens als alle Ausdauersportarten.

In den Konglomeratfelsen des Monserrat, Spanien.

Trainingsspiele

Bei einseitiger sportlicher Belastung – das gilt auch für die verschiedenen Disziplinen des Bergsteigens – sind körperliche Schäden zu befürchten. Ich warne davor, nach dem Bergauflaufen – sicher die beste Form des Ausdauertrainings – schnell und steil bergab zu laufen. Gelenkschäden können die Folge sein. Ich laufe meist nur hinauf (etwa 1000 Höhenmeter, bei einer Distanz von 6 bis 8 Kilometern) und spaziere dann talwärts. Einseitiges Fingertraining mit ständiger Überbelastung beim Felsklettern kann Arthritis zur Folge haben.
Wenn Kinder auch gerne in die Berge gehen, so warne ich doch davor, sie zu überfordern. Auch sollten sie nicht dazu gezwungen werden. Zwang führt meist zu Abneigung, viele kleine Erfolgserlebnisse aber erwecken Begeisterung.

Ein verantwortungsbewußter Bergsteiger ist bemüht, eine gute Grundkondition zu haben. Ich halte es nach wie vor für ideal, ein allseits erfahrener, in allen Sparten trainierter Alpinist zu sein: ein sicherer Felsgeher, ein schneller Eisgeher und ein ausdauernder Marschierer. Wer mehr leisten will, muß mehr trainieren. Um die Erfahrung kann sich niemand herumstehlen.

Wie die Wahl der Route, setzt auch die Wahl der Trainingsspiele zuhause Phantasie voraus. Die Klimmzüge am Türrahmen oder an Mauerritzen sind altbekannte Übungen. Das Sich-Aufziehen am frei hängenden Seil, Wippen auf den Zehenspitzen und die Hantel bilden weitere Möglichkeiten.

△ **Das Bergauflaufen über Wiesen und Waldhänge ist anstrengender als über asphaltierte Straßen. Darüber hinaus fördert es den Gleichgewichtssinn.**

Das Training betreibe ich nicht tierisch ernst. Da ich zwischen den Expeditionen viel arbeite – als Autor, Vortragsredner, Tester –, bleibt mir oft wochenlang keine Gelegenheit dafür. Ich nehme mir mehr Zeit zum Bergsteigen als viele andere, das Training aber schiebe auch ich dazwischen, so wie jeder Normalbürger es tun kann (Turnhose im Koffer, die Hantel im Auto).

Emil Solleder, der Erstbegeher der Civetta-Nordwestwand, hat bei seinen langen Märschen zu den Einstiegen oft faustgroße Steine »zerdrückt«, Hermann Buhl Schneebälle.
Eine Übung, die Gleichgewichtssinn, Trittsicherheit und Ausdauer fördert, ist das Laufen über eine Serie von tischgroßen Blöcken. Mit dieser Variante des Laufens haben wir in den Grundkursen der Alpinschule Südtirol bei Neulingen im Fels gute Erfahrungen gemacht. Im Laufschritt, in der Geschwindigkeit also, besinnt sich auch der bewegungsungewohnte Städter instinktiv auf die beste Körper- und Fußstellung. Es tritt kein Zögern ein, wie bei langsamer Bewegung üblich; ein durch Zweifel, Angst oder Unsicherheit ausgelöstes Fehlverhalten ist seltener.

Das Training ist für den Bergsteiger aus dreierlei Gründen wichtig: Erstens steigert es die Kondition; zweitens Sicherheit und Selbstsicherheit; drittens fördert es, vernünftig betrieben, die Gesundheit.

Medizin

Bergsteigen heißt auch sich aussetzen. Damit begibt sich jeder Bergsteiger auch in Situationen, in denen bei Unfall oder Krankheit unter Umständen keine schnelle Hilfe möglich ist.

Jeder verantwortungsbewußte Alpinist kennt die wichtigsten Handgriffe und Regeln der Ersten Hilfe. In Notsituationen kann er sich oder anderen helfen. Bergwacht und Bergrettungsdienst sind bewundernswerte Einrichtungen. Trotzdem sollte niemand aufbrechen mit dem Hintergedanken: »Die holen mich schon.«

Abtransport eines Schwerverletzten im Khumbu-Eisbruch am Mount Everest.

Rucksack-Apotheke für Touren in den Alpen

- ☐ Elastische Binden, sterile Kompressen, steriles Verbandpäckchen, Rolle mit Pflaster, Hansaplast, Sicherheitsnadeln
- ☐ Augentropfen
- ☐ Halsweh-Lutschtabletten
- ☐ Buscopan compositum oder Valoron für starke Schmerzen
- ☐ Aspirin oder ähnliches Schmerzmittel für Kopf- und Zahnschmerzen etc.

Trekking- und Expeditions-Apotheke

- ☐ Antazidum gegen Magenübersäuerung: Magenpulver, Alucol-Gel etc.
- ☐ Antibiotikum gegen bakterielle Infekte: Cotrimoxazol (Bactrim) oder Aminopenicillin (Clamoxyl); bei Blasenentzündung, eitriger Bronchitis, Lungenentzündung, länger dauerndem Durchfall mit Fieber, Blinddarmentzündung oder anderen bakteriellen Entzündungen
- ☐ Durchfall, in banaler Form: Loperamid (Imodium)
- ☐ Wurmverdacht: Mebendazol (Vermox) oder Pyrantelpamoat (Cobantril)
- ☐ Amöbenverdacht: Ornidazol (Tiberal), Metronidazol (Flagyl)
- ☐ Durchfall und Fieber: Bactrim
- ☐ Halsschmerzen: Lutschtabletten (Mebucain, Lemocin)
- ☐ Hämorrhoidalmittel: Salbe und Zäpfchen
- ☐ Hautbehandlung: Salbe (Bepanthen), Desinfektionsmittel
- ☐ Husten: Hustenbonbons, Codein
- ☐ Malaria: Fansidar oder nach spezieller Verordnung
- ☐ Schlafmittel: Flurazepam (Dalmadorm), Diazepam (Valium)
- ☐ Schmerzmittel, banal: Aspirin; Kopfschmerzen: Aspirin, Aspirin mit Codein, Tonopan; Gelenks- oder Muskelschmerzen: Aspirin, Indomethacin etc.; schwere Schmerzzustände besonders bei Verletzungen: Pentazocin (Fortalgesic), Buprenorphin (Temgesic), Morphium
- ☐ Verband- und Verletzungsmaterial: Schnellverbände, Leukoplast, Hansaplast, Tupfer, elastische Binden, Nadel, Faden, Nadelhalter, Schere, Pinzette, Kammerschiene, Infusionen
- ☐ Eventuell: Vitamin-Brausetabletten, Nitroglycerin (Höhenlungenödem), Decadron (allenfalls bei Hirnödem)

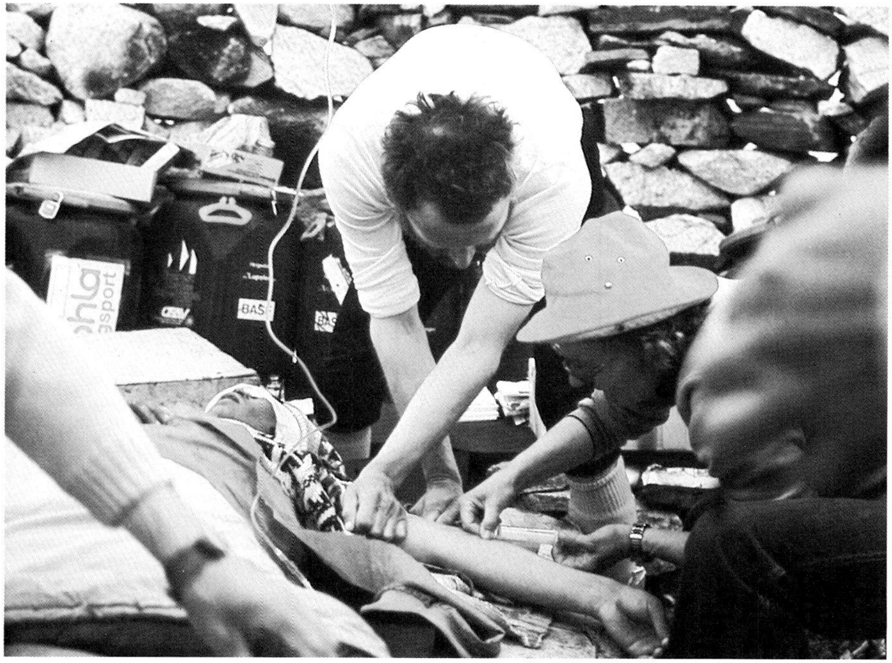

Operation eines Schädelbruchs im Everest-Basislager durch Dr. R. Margreiter.

Erkrankungen und Unfälle in den Bergen – was tun?

Kopfweh, Schlafstörungen, Appetitlosigkeit, Erbrechen (Höhenkrankheit): Rasttag, falls keine Besserung Abstieg

Zunehmende Atemnot, evtl. Auswurf und gurgelnde Geräusche über der Lunge (Höhenlungenödem): sofortiger Abstieg bzw. Abtransport, wenn vorhanden Sauerstoff

Schwere Kopfschmerzen, die nicht auf einfache Schmerzmittel reagieren, Gleichgewichtsstörungen, Bewußtseinsstörungen (Höhenhirnödem): sofortiger Abstieg, bzw. Abtransport, Sauerstoff

Schwellungen im Gesicht, besonders um Augen, der Hände, der Füße ohne andere Beschwerden: im allgemeinen harmlos, evtl. Frühsymptom der Höhenkrankheit

Erschöpfung: Ruhe, Wärme, warme Getränke, vorsichtige Nahrungszufuhr

Unterkühlung: Trockene, warme Kleider, Wärmespende durch zweite Person im gemeinsamen Schlafsack, Wärmflasche, warme Getränke; bei schwerem Zustand mit Bewußtseinsstörung: Helikopterbergung

Erfrierungen: Wiedererwärmen der erfrorenen Gliedmaßen in körperwarmem Wasser (37°); sterile, trockene Verbände; keinerlei Manipulationen, Massagen etc. (Verletzungs- und damit Infektionsgefahr)

Knochenbrüche: Schienung je nach Gegebenheit, Abtransport nach Gegebenheiten

Kopf- und Genickverletzung mit Lähmungserscheinungen bzw. Bewußtseinsstörung: Möglichst wenig Manipulationen, Helikopterbergung oder schonendster Abtransport

Absturzfolgen mit Verdacht auf innere Verletzungen: Schocklagerung, Abtransport

Schneeblindheit: Dunkle Sonnenbrille und zusätzliche Sturmbrille, bei Ruhe im Zelt Binde um die Augen, kalter Umschlag zur Schmerzlinderung. Anästhesierende Augentropfen nur kurzfristig, falls der Betroffene für den Abstieg noch sehen muß

Hitzschlag: Lauwarmes bis kaltes Bad, nasse Kleider (Wasser plus Alkohol zur Verdunstungserhöhung), gute Lüftung, Eiswürfel auf den Bauch, Massage der Extremitäten

Bergwandern

Bergwandern ist die einfachste Form des Bergsteigens. Obwohl man sich dabei an Steige hält, die großteils markiert sind, ist auch diese Form des Unterwegsseins nicht ungefährlich.
Bergwanderungen können in große Höhen führen, wo auch im Sommer plötzliche Wetterstürze mit Schneefall möglich sind. Ein weiteres Problem ist die Orientierung, besonders dann, wenn man im Nebel vom Weg abgekommen ist. Der erfahrene Bergsteiger rüstet sich auch für diesen Ausnahmefall mit Notproviant, Anorak, Handschuhen, Mütze und Reservestrümpfen im Rucksack aus. Noch mehr sollte dies für den weniger erfahrenen gelten, der sich am besten auf kürzeren Wanderungen (2 bis 3 Stunden) die Kondition und Erfahrung für Tageswanderungen holt. Ein unbekümmertes, überhebliches Herumrennen kann tragisch enden.

Das Wandern (links in Sulden am Ortler, unten in der Toskana) ist eine Form der Meditation.

Nur wer Respekt vor den Bergen und der Natur hat, wird sich richtig verhalten. Das Gebirge ist voller Geheimnisse, und wir sind auch unterwegs, um diese zu ergründen, um uns, wenn oft auch unterbewußt, im Kosmos zu begreifen.

Daher auch meine Forderung, die Gebirge nicht weiter zu erschließen. Je mehr sich der Mensch auf seine technischen Möglichkeiten stützt, desto weniger horcht er auf die Gesetze der Natur. Je unberührter und geheimnisvoller ein Gebirge bleibt, desto faszinierender ist es für den Bergsteiger wie auch für den

Bergwanderer. Dies und das fremdmotivierte Mitrennen sind auch der Grund, warum ich mich entschieden gegen Volks- und Massenläufe im Gebirge ausspreche. Wer wandert, um Anstecknadeln, Urkunden oder »goldene Edelweiß« zu sammeln, ist fremdbestimmt. Dabei erhöhen sich die Gefahren für den Menschen und die Umwelt.
Der eine wandert lieber mit anderen, ein anderer allein. Beide Formen, die kleine Gruppe und der einzelne, sind gleich richtig. Wo Bergwanderer aber in organisierten Haufen auftreten, möchte ich nicht mehr unterwegs sein.

In einer Gruppe geht der Erfahrenste voraus, richtet aber sein Tempo nach der Ausdauer des Schwächsten.

Solange man mit anderen zusammen Steige begeht, wandert man in gleichbleibendem Rhythmus und ohne sich zu unterhalten. ▷

——»An einem klaren Herbsttag 1965 wanderte ich von der Panascharte an der Südseite der Geislerspitzen vorbei in Richtung Mittagsscharte. Plötzlich hörte ich verzweifelte Hilferufe. Nachdem ich die Richtung, aus der die sich wiederholenden Schreie kamen, festgestellt hatte, eilte ich hinauf unter die Südwand des Sass de Mesdĭ. Hoch oben, etwa 200 Meter über dem Einstieg, erspähte ich eine gestikulierende Frau. Also kletterte ich hinauf und fand nach wenigen Minuten den leblosen, zerschmetterten Körper eines Mannes. Ich stieg bis zu der Frau auf, band sie ans Seil und führte sie vorsorglich weit ab von der Absturzlinie hinunter bis zum Bergfuß. Jetzt erst verständigte ich den Bergrettungsdienst aus dem Grödental, der die Leiche barg.
Ein älteres Ehepaar, so konnte ich nach der Erzählung der Überlebenden den Unfall rekonstruieren, war vom Weg abgekommen und auf der Suche nach der Mittagsscharte bis unter den überhängenden Hannemann-Riß am Sass de Mesdĭ gelangt. Dort hatte der vorausgehende Mann den Halt verloren und war etwa 150 Meter tief abgestürzt.«

Vielfach, vor allem bergauf, ist es nicht sinnvoll, den Weg abzukürzen.

Ein Bergwanderer, der langsam und bewußt zu gehen gelernt hat, weiß, wann er vom richtigen Weg abgekommen ist. Auch dort, wo nur Steigspuren die Richtung andeuten. Das Lesen in den Spuren, Trittsicherheit (mit der ganzen Fußsohle auftreten!) und das Einteilen der eigenen Kräfte muß ein Hochgebirgswanderer stufenweise lernen, bevor er sich als Führender in ihm unbekanntes Gelände wagt.

Die Welt des Bergwanderers sind die ungezählten Steige in den Hochwäldern, auf den Almen und in den Karen am Fuße der Steilwände. Besonders ausdauernde und erfahrene Wanderer wählen leichte Gipfel, Paßübergänge und die Überschreitung ganzer Bergrücken als ihre Ziele. Oft beginnen diese Wege bei den höchsten Bauernhöfen, führen durch Hochwälder und hinauf in die 2000-Meter-Region am Fuße der Felsen oder Gletscher. Viele 3000 Meter hohe Gipfel und Aussichtspunkte sind auf markierten Wanderwegen zu erreichen.

Die Markierung (Farbfleck und Nummer an Steinen, Bäumen, Wegtafeln) ist eine Orientierungshilfe, die nicht dazu verleiten soll, ihr blindlings nachzulaufen. Der geschulte Bergwanderer orientiert sich an Bergen, Bächen, Waldgrenzen; er kann sich seine Position nach dem Studium der Wanderkarte im Gelände vorstellen. Erst im Laufe der Jahre lernt er die Distanzen zu den Bergen abzuschätzen, die Länge der Tour in menschlichen Maßen – Anstrengung, Gehstunden, Machbarkeit – zu messen.

Ein Bergwanderer braucht neben warmer Kleidung (nicht zu eng) Regenschutz und (selten) einen Steinschlaghelm. Im Rucksack Notproviant und Reservekleidung mitführen. Die Schuhe sollen möglichst wasserdicht (bei Leder mit wenig Nähten) und mit einer Profilgummisohle versehen sein. Farbe und Schnitt sollen neben der Mode der eigene Geschmack bestimmen.

Am Fuße von Steilwänden Helm tragen!

Soweit Hütten vorhanden sind, ist das Wandern in den Bergen weniger gefährlich. Bei Schlechtwettereinbrüchen und Schwäche stellen sie ein Refugium dar. Trotzdem sollte auch der Hüttenwanderer die möglichen Gefahren kennen, um ihnen mit Erfahrung begegnen zu können. Ich teile diese Gefahren nicht in subjektive und objektive ein, in nahezu allen Fällen sind Unfälle bei der richtigen Selbsteinschätzung und Geländebeurteilung vermeidbar. Das heißt, beim Bergwandern ist die Sicherheit nahezu ausschließlich vom Subjekt Mensch und nicht vom Objekt Berg abhängig.

Ein genügend trainierter, geübter Bergwanderer weiß in erster Linie, was er sich zutrauen kann. Er hat gelernt, seine Zeit einzuteilen, hat die nötige Ausrüstung dabei und findet auch im Nebel oder in einem Wettersturz vor Einbruch der Dunkelheit seinen Zielort. Wer so viel schleppt, daß er schwach wird, ist nicht übervorsichtig, sondern unerfahren. Lernen kann man das Wandern im Wechsel der Jahreszeiten nur im Gelände. Zuerst mit einem erfahrenen Freund oder Bergführer, dann durch eine stufenweise Steigerung der Ziele.

Flora und Fauna

Fast überall in den Bergen gelten zum Schutze der vom Aussterben bedrohten Tier- und Pflanzenwelt spezielle Naturschutzgesetze. Nicht nur die Gesetze, auch das Ökologieverständnis fordert, daß wir uns an sie halten. Ein umweltbewußter Bergsteiger pflückt keine Blumen, vergrämt kein Wild. Auch den anderen Menschen, die in den Bergen zuhause sind, begegnet er mit Respekt. Die Berge gehören niemandem, wir alle sind nur kurze Zeit dort zu Gast.

Die wichtigsten geschützten Alpenpflanzen

Gänzlich geschützt:

Edelweiß
Feuerlilie
Türkenbund
Rotes Kohlröschen
Alpen-Mannstreu
Steinröschen
Alpen-Aurikel
Kärntner Kuhtritt
Schopf-Teufelskralle
Alpen-Aster
Alpen-Kuhschelle
Gelbe Kuhschelle

Bedingt geschützt:

Akelei
Zweiblütiges Veilchen
Rostblättrige Alpenrose
Bewimperte Alpenrose
Alpenveilchen
Drüsige Schlüsselblume
Schlauch-Enzian
Stengelloser Enzian
Braun-Enzian
Tüpfel-Enzian
Gelber Enzian

Die wichtigsten geschützten Alpentiere

Gänzlich geschützt:

Gänsegeier
Uhu
Schwarzspecht
Dreizehenspecht
Mauerläufer

Bedingt geschützt:

Murmeltier
Schneehase
Steinbock
Steinadler
Auer-/Birkhuhn
Hasel-/Steinhuhn
Alpenschneehuhn
Kolkrabe
Alpendohle
Tannenhäher
Blaumerle
Steinrötel
Kreuzotter
Ringelnatter
Würfelnatter
Smaragdeidechse
Mauereidechse
Alpensalamander
Laubfrosch

Bedingt geschützt = in den einzelnen Ländern unterschiedlich, gänzlich oder teilweise geschützt.

Alpendohle

Kreuzotter

Gemse

Steinadler

Stengelloses Leimkraut

Alpen-Hahnenfuß

Alpen-Anemone

Alpenmohn

Behaarte Alpenrose

Alpenglöckchen

Stengelloser Enzian

Arnika

Alpen-Aster

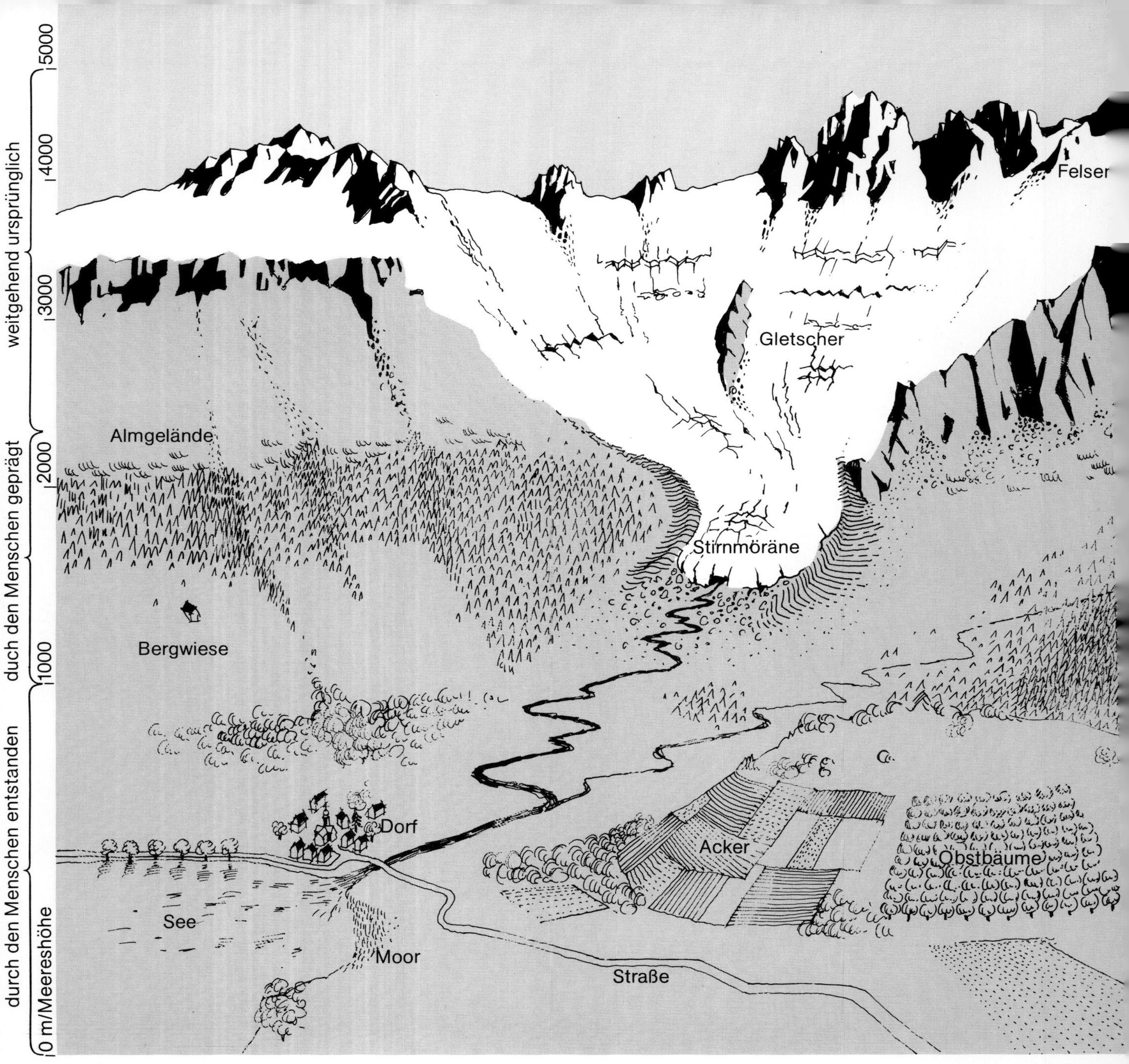
Felser
Gletscher
Almgelände
Stirnmöräne
Bergwiese
Dorf
Acker
Obstbäume
See
Moor
Straße
5000
4000
3000
2000
1000
0 m/Meereshöhe
weitgehend ursprünglich
duch den Menschen geprägt
durch den Menschen entstanden

Der Aufbau der Berge

Die Natur ist schön – gleichzeitig aber auch unerbittlich und hart. Sie ist nicht unser Feind; es ist unsere Aufgabe, sie kennenzulernen und uns in ihr vernünftig zu verhalten. Am einfachsten geschieht dies in den Bergen von unten nach oben.

Weder in den Niederungen noch in den Berggebieten ist die Landschaft heute intakt. Die Täler des Himalaya sind großteils ausgeholzt und von der totalen Erosion bedroht. Die Alpentäler sind vielerorts von Pisten, einem Wust von ausgebaggerten Wegen und Seilbahnanlagen zerfurcht. Das Waldsterben trifft uns wie eine Mahnung. Es könnte in den Alpen eine Katastrophe zur Folge haben. Es genügt nicht, wenn da und dort Reservate – Naturparks und Biotope – gefördert werden. Jeder einzelne muß sich bewußt werden, was Naturlandschaft für die Welt und die Menschheit bedeutet. Jeder einzelne muß mit seinem Verhalten mithelfen zu retten, was jetzt noch zu retten ist.

Vertikal aufgetürmter Cumulus congestus.

Aufzug von Schichtbewölkung (Stratuswolken).

Das Wetter

So, wie sich jeder im Tal nach den Wegen und Hütten erkundigen sollte, gehört auch der Wetterbericht zur Vorbereitung einer Tour. Das Wetter bestimmt vielfach, ob wir losgehen oder nicht, ob wir frühzeitig umkehren. Einmal unterwegs, können wir beispielsweise an Wolkenformationen, an der Windrichtung oder auch an der Tiefe des Himmels die Wettersituation ablesen.

Heute ersetzt vielfach der Wetterbericht (Satellitenbild) die alten Wetterregeln. Trotzdem behalten diese ihre Richtigkeit. Aus Farbe und Form der Wolken läßt sich das Wetter vielfach vorhersagen. Auch aus der Beobachtung, wo, wie und wie schnell irgendwo Wolken oder Nebel entstehen, sich verdichten, sich auflösen.

Cirrus

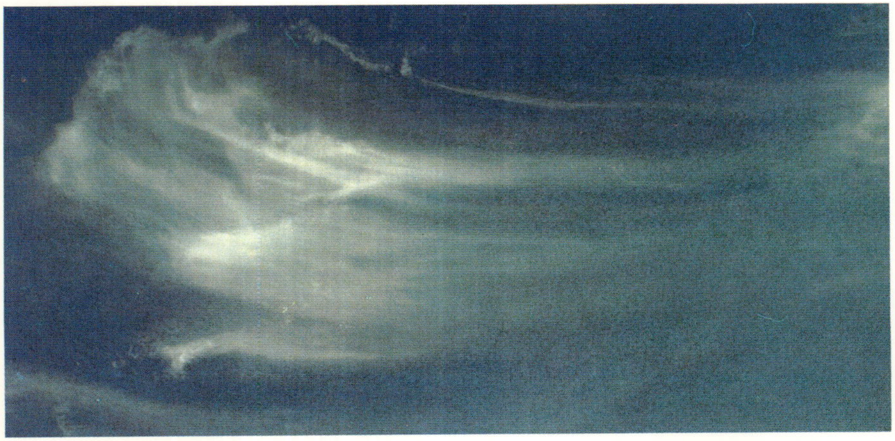

Altocumulus stratiformis undulatus in Föhnlage.

Blick von der Panascharte zum Peitlerkofel und zum Sass Rigais. Wie oft ich von dieser Scharte nach Osten und Süden geschaut habe! Heute weiß ich dort oben, wie das Wetter wird, auch wenn ich dieses Wissen nicht in meteorologischen Regeln ausdrücken kann.

Der richtige Instinkt für das Wetter wächst im Laufe von vielen Touren und der guten Kenntnis einzelner Gebiete. Die sinnlichen Momente – das Spüren von Sonne und Wind auf der Haut, das Aufnehmen von Formen und Farben, das Lauschen auf Steinschlag und Stille, der Rhythmus der Bewegungen – lassen uns tatsächlich in die Berge hineingehen. Wer das Gebirge wirklich gut kennenlernen will, steigt immer wieder und mit wachen Sinnen auf.

Wenn eine feuchtwarme Luftmasse abkühlt, muß sie zwangsläufig Wasser abgeben; Niederschläge sind die Folge. Die Abkühlung kann durch Aufsteigen der Luftmasse in kältere Regionen oder durch Zusammenfließen mit kälteren Luftmassen (Eis) geschehen. Wenn feuchtwarme Luft vom Atlantik oder vom Mittelmeerraum auf die Alpen stößt, steigt sie über den Bergen auf, kühlt ab, Feuchtigkeit wird frei. Es regnet oder es schneit. Süd- bzw. Westströmungen bringen in den Alpen meist Regen oder heftige Schneefälle.

Altocumulus floccus zum Ende einer Föhnlage.

Haufenwolke (Cumulus) in Entstehung.

Der Wasserkofel, zweiter von links, in der Gruppe der Geislerspitzen, hat seinen Namen zu Recht. Bei weiterer Verdichtung dieses Wolkenbildes ist mit Regen zu rechnen.

Orientierung und Möglichkeiten

Wer sich in den Alpen auskennt, findet unendlich viele Möglichkeiten zum Bergwandern. Es gibt eine Fülle von Wanderführern mit Routenbeschreibungen, Bücher mit Anregungen und Eindrücken zum Thema Wandern. Wer sich bei der Wahl von seinem Können leiten läßt, weniger darauf hört, was andere schon gemacht haben als auf das, was seinen Wünschen entspricht, wird viel Freude erleben. Für den Fall, daß man einmal im Nebel vom Steig abkommt, sollte man vorsorglich lernen, sich anhand der Karte zu orientieren.
Ich habe Verständnis für alte Menschen, Invaliden oder Kranke, die Lifte oder Seilbahnen als Aufstiegshilfen suchen. Auch der beschauliche Alpinismus hat Erlebniswert. Die Abfahrt ins Tal, nach einer langen Bergtour, schont die Gelenke. Sonst sollten wir jedoch nicht von Aufstiegshilfen abhängig sein.

Am Berg ist jeder sein eigener Herr; es gibt dort keinen Chef und keine Hierarchie. Die Natur ist unser Gesetzgeber, und etwaige Regeln macht sich jeder selbst. Das heißt aber auch, daß jeder die Verantwortung für sich und seine Kameraden übernehmen muß.

Bei keiner Tour darf die entsprechende Landkarte fehlen. Sie gibt Aufschluß über die Gegend. Daheim muß man gelernt haben, die Karte zu lesen. Der Maß-

Je geringer die Erschließung, um so schwieriger die Orientierung. Karte, Kompaß und Höhenmesser helfen weiter, sofern man mit ihnen umzugehen versteht.

stab – möglichst groß, zum Beispiel 1 : 25 000 – sagt, daß 1 Zentimeter auf der Landkarte in Wirklichkeit einer Entfernung von 25 000 Zentimetern, also 250 Metern entspricht. Die Höhenlinien (bei Karten im Maßstab 1 : 25 000 ist alle 20 m eine Höhenlinie eingezeichnet; jede fünfte Linie = 100 Höhenmeter ist dicker) geben plastisch Auskunft über das Gelände und den Höhenunterschied. Der Wanderer legt in der Ebene im Durchschnitt pro Stunde 4 Kilometer zurück, oder er überwindet im Aufstieg einen Höhenunterschied von 300 Metern. Die Gesamtzeit ergibt sich grob aus einer Summe der beiden Werte (Zeit für Horizontalentfernung plus Höhenunterschied, wobei der kleinere halbiert wird).

Nebel über Gunza, Nepal. ▷

Ein verantwortungsbewußter Bergsteiger vergleicht häufig die Karte mit dem Gelände – nicht erst dann, wenn er sich verlaufen hat oder Nebel aufkommt.

Alle Landkarten sind nach dem Prinzip der vier Himmelsrichtungen angelegt. Norden ist immer oben. Die Hangneigung kann aus dem Verhältnis Entfernung/Höhenunterschied errechnet werden. Sind diese gleich groß, beträgt die Hangneigung 45 Grad.
Mit dem Kompaß kann man den Standort feststellen und die Marschrichtungszahl für eine Wegstrecke einstellen. Diese Techniken müssen praktisch geübt werden. Der Höhenmesser kann auch zur Wetterbestimmung benutzt werden. Der Luftdruck ändert sich mit der Höhe und durch das Wettergeschehen. Der Höhenmesser muß an markanten Punkten immer wieder eingestellt werden.

Wegloses Gelände

Für mich ist Bergsteigen identisch mit Wegsuche. Das ist seit meiner Kindheit so. Der Schritt vom ausgetretenen, markierten Steig, von der vorgegebenen Route in das weglose Gelände ist der wichtigste für die Entwicklung eines jeden Bergsteigers. Wer die Berge nur bei gutem Wetter und auf beschilderten Pfaden erlebt, kennt nicht ihre Geheimnisse. Die Ungewißheit, das Biwak, das Zurück, Situationen, die eine Tour abseits von Hütten und Wegen mit sich bringen kann, lösen starke Zweifel, Ängste und Hochgefühle in uns aus.
Der eigene, Schritt für Schritt erfundene Weg zwingt uns zu höchster Aufmerksamkeit, zu mehr Eigenverantwortung. Die Gebirge dieser Erde sind noch nicht voll ausgeschöpft, so daß für jeden eine stetige Steigerung seiner Touren möglich ist – schwieriger, länger, höher.

Der jetzige Zustand der Alpen (dies gilt für fast alle Gebirge der Industrieländer) muß als äußerste Grenze der Erschließung verstanden werden. Jeder neue Weg, jede Liftanlage, sogar jeder belassene Haken sind ein Einschnitt in jene Urlandschaft, die die Faszination des Bergsteigens ausmacht. Unsere Nachfolger haben nur dann die Möglichkeit, alle Erfahrungen des Wegsuchens zu machen, wenn wir keine Spuren hinterlassen.

»Es war im Hochsommer 1955. Zu dritt – mein ältester Bruder Helmut, ein gleichaltriger Schulkamerad und ich – wollten wir den Ruefen überschreiten. Damals gab es noch keinen markierten Weg auf diesem Felsrücken, der von der Koflwiese oberhalb St. Magdalena in Villnöss bis zum Peitlerkofel, dem nordwestlichen Eckpfeiler der Dolomiten, zieht. Streckenweise folgten wir den Schafsteigen, streckenweise ging es über Kare und Schrofen. Unser Instinkt gab uns die Richtung vor. Wir waren in der Mitte der Gratschneide, als sich im Süden, an den Geislerspitzen entlang, ein Wettersturz ankündigte. Wir stiegen nun über eine der flachen Rinnen südsei-

◁ **Der Caruacochasee in der Cordillera Huayhuash, Südamerika.**

▽ **Blick auf den Ortler.**

In steilen Schrofen halte ich mich am festen Fels, meide Graspolster.

tig Richtung Gampen-Alm ab. Und es dauerte nicht lange, da hagelte es, Blitze schlugen ein, der Donner war ohrenbetäubend, so laut, wie wir ihn nie zuvor erlebt hatten. Die Rinne, eine offene Schneise, verwandelte sich in einen Sturzbach. Wir hielten auf einen Waldrücken zu und suchten auf ihm den Weg ins Tal. Auf den Casarilwiesen angekommen, fanden wir eine Almhütte, wo wir Feuer machen und uns wärmen konnten. Erst als das Gewitter zu Ende war, gingen wir, anders als ursprünglich geplant, nach Hause. – Wir hatten unsere Tour abgebrochen.
Obwohl damals noch Kinder, haben wir uns instinktiv richtig verhalten und mehr

Nicht über Schneerinnen, über den feinsten Schotter gehe ich talwärts.

dabei gelernt, als wir es aus irgendeinem Lehrbuch hätten tun können.«
Das Sich-Zurechtfinden und Gehen im Wald, auf Geröll, Schrofen und Schneehängen ist schwieriger als viele extreme Felskletterer denken oder Nichtbergsteiger ahnen können. Nicht nur Laien, auch einseitig geschulte Bergsteiger verbinden Schwierigkeiten mit Steilheit, Höhe oder Länge einer Tour. Gerade aber steiles Grasgelände, dschungelartiger Wald oder ausgedehnte Moränen sind voller Gefahrenmomente. Ganz zu schweigen von Bächen ohne Brücken, engen Schluchten oder Schuttbändern. Dies aber ist die Welt des Alpinisten, der den Steig verläßt und seine eigenen Wege geht. Und jeder Hochalpinist kommt entweder beim Zustieg zu den großen Wänden oder beim Abstieg dann und wann in diese Welt. Wie oft sind ausgezeichnete Kletterer gerade beim »leichten« Abstieg verunglückt! Wie oft fanden trainierte Sestogradisten nicht über den leichten Normalweg zurück ins Tal!
Henry Barber zum Beispiel, einer der erfolgreichsten Felskletterer der siebziger Jahre, schleppte sich nach dem Absturz seines Seilpartners Rob Taylor an der Breach Wall am Kilimandscharo in Afrika tagelang über Schutthänge und durch Wald, nur weil er den kürzesten Weg zur nächsten Hütte nicht fand. Daß Rob Taylor trotz eines gebrochenen Knöchels und ohne Essen in der Wand überlebte, bis nach sechs Tagen die Retter kamen, grenzt an ein Wunder.

Vor dem Sprung von Stein zu Stein über einen Bach prüfe ich, ob kein Eis liegt.

Wer mehr will als Wandern auf markierten Steigen oder Sportklettern in einem Klettergarten, muß dies im Gelände lernen. Erfahrung ist dabei alles. Wer sich ohne diese Erfahrung auf eigene Faust ins unerschlossene Hochgebirge wagt, spielt mit seinem Leben »Blindekuh«.

Auf einem Felsvorsprung hole ich mir die Übersicht wie von einer Aussichtskanzel.

Neugierig sind wir vor allem auf Unbekanntes, Unerschlossenes, Geheimnisvolles. Und nichts erzieht uns schneller zum Sehen, zur Beobachtung als Geheimnisse. Daher auch meine Forderung, das selbständige Bergsteigen mit vielen Touren im weglosen Gelände zu lernen.

Naturbeobachtung

Die Motivationen, in die Berge zu gehen, sind so mannigfaltig wie die Charaktere der ungezählten Bergsteiger. Nur die wenigsten allerdings können wirklich erklären, warum sie es tun. Das ist auch gut so. Eine Portion Neugierde ist aber mit Sicherheit bei jedem Alpinisten mit dabei.

Beim Gehen im weglosen Gelände werden vor allem unsere Sinne geschärft. Die körperliche Schulung tritt neben der exakten Naturbeobachtung zurück. Und dies ist es, was viele Jugendliche vor Unglükken oder sogar dem frühen Bergtod bewahren kann.

Die Aussicht, der weitere Horizont bringen auch mehr Erfahrung. ▷

Es ist viel wichtiger, die »Lebensäußerungen des Gebirgskörpers« zu kennen – Wasser, das in Nebel, Schnee, Hagel auftritt; der schnelle Wechsel zwischen Frost und Hitze –, als die jeweils neueste Bergmode. Heute ist es weit häufiger der Fall, daß angehende Bergsteiger »überausgerüstet« als schlecht ausgerüstet sind. Dafür fehlt vielen – oft auch bei bewundernswertem Kletterkönnen – das Grundwissen von den Bergen.

Eine solide, praktische Ausrüstung braucht jeder Bergsteiger. Dabei gilt: Die Ausrüstung ist immer so gut wie die Erfahrung des Trägers; und jedes überflüssige Stück stellt eine Belastung dar. Einem ungeschulten Alpinisten nützt das beste Seil nichts; auch bringt es ihm nichts, wenn er sich so anzieht, als könne er die Eiger-Nordwand durchsteigen. Bergsteiger wird, wer aus den beobachteten Tatsachen im Gebirge Schlüsse und Lehren zieht, und nicht, wer sich als Bergsteiger »maskiert«.

Auch beim Wandern gilt die Disziplin des Risikos. Wir gehen den Gefahren im Gebirge von Augenblick zu Augenblick aus dem Weg. Nicht wer sich blindlings in Gefahr begibt, ist ein guter Bergsteiger, sondern wer die Gefahren rechtzeitig erkennt und sie meidet. Nahezu allen Risiken kann man ausweichen, wenn man aufmerksam, mit gewachsenem Orientierungssinn unterwegs ist und sich nicht von falschem Ehrgeiz leiten läßt. Selbstüberschätzung und Eitelkeit auf der einen Seite, Unfähigkeit, die Gebirgsnatur einzuschätzen, auf der anderen, sind die wesentlichen Ursachen für Bergunfälle.

Der Aufstieg zwischen Eis und Fels ist oft die einzige Lösung.

Biwakmorgen unter einem überhängenden Felsen.

Zustieg zum Monte Pelmo über ein hartgefrorenes Firnfeld.

Es gibt aber auch unvorhersehbare Gefahrenmomente im Gebirge, die sogenannte höhere Gewalt. Dies zu wissen und dieses Teilrisiko bewußt auf sich zu nehmen, gehört zum Alpinismus. Wer behauptet, Bergsteigen sei ganz und gar ungefährlich, ist ein Tor.

Die Natur des Hochgebirges zu kennen und zu beherrschen, geht Hand in Hand mit der Selbstverwirklichung und Selbstfindung, die vielen Bergsteigern als Ziel vorschwebt.

Gefahren in Schnee, Wasser, Schrofen und Geröll

Dort, wo die Berge wenig oder gar nicht erschlossen sind, liegt meist ein Schuttmantel auf den Felsflanken. Besonders auf Bändern und Terrassen haften lose Blöcke, Eis oder Schnee. Gefahren entstehen aus vielerlei Gründen:

- ☐ Festgefrorene Steine können sich wieder lösen (Tauvorgang).
- ☐ Die Sprengwirkung des Eises (Verwitterung) hebt oft mächtige Blöcke aus der Wand, die unten als Steinlawinen ganze Bergflanken bestreichen.
- ☐ Steinschlaggefährdete Firnfelder oder Hänge erkennt man an den Narben, die aufschlagende Steine im Fels, im Eis oder auch auf Grasflanken hinterlassen. Vorsicht, solche Hänge sind zu meiden, besonders im Frühling und im Herbst!
- ☐ Gleich nach Sonneneinstrahlung oder kurz nach Sonnenuntergang tritt erhöhte Steinschlaggefahr auf.
- ☐ Auch starker Wind und abfließendes Wasser reißen labile Steinbrocken mit und gefährden etwaige Kletterer in der Wand darunter und Wanderer an ihrem Fuß.
- ☐ Gemsen, Ziegen oder Schafe können Steinschlag auslösen; auch der Mensch. Am häufigsten ist es so, daß voransteigende Partien in Scharten oder steilen Karen Steine lostreten und so nachfolgende Bergsteiger gefährden.
- ☐ Andere Gefahrenmomente im weglosen Gelände sind Nebel, Wasserrinnen, Bäche und Firnfelder. Eisrinnen sind wie alle Schluchten gefährlich. Gratrücken hingegen, wenn nicht gerade ein Gewitter droht, sichere Auf- oder Abstiegslinien.

△
Schnee in Rinnen stellt meist einen mehrfachen Gefahrenträger dar. Auf Gipfelkuppen ist er oft harmlos.

☐ Wie schnell nach plötzlichem Schneefall auf Grashängen oder Eisflächen Lawinengefahr entsteht, wie schnell Nässe und Kälte die Widerstandskraft eines Bergsteigers brechen, glaubt nur, wer es selbst schon einmal erlebt hat.

Mehr als bei allen anderen Formen des Bergsteigens gilt beim Unterwegssein im weglosen Gelände der Grundsatz vom Lernen in kleinen Schritten. Ein Menschenleben ist so kurz im Verhältnis zum Bestehen der Gebirge. Mit wachen Sinnen und einem guten Führer kann man im Laufe von Jahren viel von den Gesetzen und Erscheinungsformen der Berge erfahren. Vorher aber warne ich eindringlich davor, in unbekanntes Gelände zu steigen.

Gletscherwasser ist eisig kalt. Auch wenn keine Eisglasur auf den aus dem Wasser ragenden Steinen liegt, ist dieses Balancieren schwierig.

Orientierung mit Kompaß

Nur ganz selten in meinem Bergsteigerleben habe ich einen Kompaß benutzt, um mich zu orientieren. Dann und wann, um die Karte einzunorden, einmal, um anhand einer Marschskizze den Zustieg zur Brevaflanke am Mont Blanc zu finden.
Wer eine Karte lesen kann (dies ist im großen und ganzen auch daheim im Wohnzimmer lernbar), ist fähig, eine Route nach seinem Können und Geschmack auszuwählen. Nur in den allerseltensten Fällen wird er dann im Gebirge auf den Kompaß zurückgreifen müssen. Meist, ja fast immer kann man sich an den umliegenden Bergen, der Vegetation, dem Sonnenstand orientieren.
Das heißt aber nicht, daß wir den Kompaß zuhause lassen dürfen. Nein, im Nu kann sich ein weites Schneefeld in eine Falle verwandeln. Ich ging sogar auf der harmlosen Seiser-Alm – es war Winter, Mondnacht – stundenlang im Kreis, bis ich die gesuchte Hütte fand. Im dichten Nebel genügt eine kleine, gleichmäßige Hochfläche – und die Orientierung ist verloren.

Je steiler das Gelände, um so weniger nützen Karte und Kompaß. Je flacher und gleichmäßiger das Gelände, um so häufiger besteht im Nebel Verirrungsgefahr. Karte und Kompaß können dann unersetzliche Lebensretter sein.

Aber nicht nur im Ernstfall soll der Kompaß neben der Karte im Rucksack und der Umgang mit beiden bekannt sein. Es gehört zum Kennenlernen der Gebirge und zum Gipfelerlebnis, alle umliegenden Berge bestimmen zu können. Über die Schulkenntnisse von Karte und Kompaß hinaus sollte jeder Bergsteiger drei Vermessungsgrundlagen lernen.

Diese drei Vermessungsgrundlagen sollten dem Bergsteiger geläufig sein:

- ☐ Eine Marschskizze anzufertigen und dieser zu folgen (bei Nebel oft der einzige Ausweg).
- ☐ Eine Standortbestimmung durchzuführen (Rückwärtseinschnitt).
- ☐ Eine genaue Ortung eines bestimmten Punktes durchzuführen (Vorwärtseinschnitt).

Die Orientierung in der Nacht, im Dikkicht oder auf Toteisgletschern ist ein Kapitel für sich. Jeder Alpinist wird bemüht sein, solches Gelände zu meiden. Mit Geduld und Erfahrung kommt man auch im schlimmsten »Urwald« oder in der dicksten »Waschküche« ans Ziel.

In meiner Jugend brannte ich darauf, immer neue Gebirge kennenzulernen. Meist waren mir bereits alle Gipfel vertraut, wenn ich eine neue Gegend betrat.

Im Dickicht orientiere ich mich an Erhebungen vor und hinter mir. Jede Erhebung nutze ich, um den Weg im Detail beurteilen zu können.

Keiner von uns aktiven Bergsteigern hat das Recht, sich über den Massentourismus im Gebirge zu beklagen. Wir gehören alle dazu. Und Abhilfe schafft nur, wer dort hingeht, wo die Massen noch nicht sind.

Der Tourismus hat sich vieler Teile der großen Gebirge bemächtigt. Es ist schwer geworden, seinen eigenen Weg zu gehen. Wer sich aber auskennt, Phantasie mitbringt und bereit ist, weit zu Fuß zu marschieren, kann große Teile der Alpen und anderer Gebirgsketten so erleben wie sie die Forscher und Alpinisten im vergangenen Jahrhundert erlebt haben. Und so betrieben ist Bergsteigen heute noch eine der letzten Möglichkeiten, Abenteuer zu leben.

Technik und Abenteuer

Sicheres Auftreten, kraftsparende Fortbewegung, Körperschwerpunkt über dem jeweiligen Standbein – das sind die Grundsätze beim Gehen im Gebirge. Und noch einige Tips:

- ☐ Instinktiv richtig wird unser Gehen, wenn wir es bewußt gelernt haben.
- ☐ Im Grasgelände wird möglichst die ganze Schuhsohle schräg aufgesetzt, jede ebene Fläche zum Aufsetzen der Schuhsohle ausgenützt. Bei großer Steilheit werden die Sohlenkanten in der gesamten Länge eingesetzt.
- ☐ Im Schrofengelände werden Tritte senkrecht auf Druck belastet.
- ☐ Im Geröll eignen sich große Steine als stabile Trittflächen. Sonst nutzen wir Mulden aus.
- ☐ Ohne entsprechende Ausrüstung (stabiles Schuhmaterial, Pickel) sollte man kein Firnfeld queren. Ist der Firn weich, wird mit dem Schuhsohlenrand eine geeignete Stufenbasis geschaffen.
- ☐ Wichtig ist die senkrechte Belastung des Körpers. Sie wird durch die richtige Körperstellung erreicht.
- ☐ Den Abstieg bewältigt man in der Falllinie. Im steilen Gelände und in lockerem Kleingeröll werden nur die Schuhabsätze fest aufgesetzt.

Die häufigsten Fehler beim Bergwandern sind:

- ☐ Unrhythmisches Gehen (Rasten, Rennen).
- ☐ Unrationelles Gehen durch zu starkes Durchstrecken der Beine.
- ☐ Falsches Aufsetzen der Schuhe.
- ☐ Falsche Körperbelastung.

Diese Fehler führen zu rascher Ermüdung.

Abstieg im Süden der Geislerspitzen.

Das Alpine Notsignal

Innerhalb einer Minute in regelmäßigen Zeitabständen (etwa alle 10 Sekunden) sechs Signale (Rufen, Blinken mit der Taschenlampe, Schwingen eines farbigen Gegenstandes, Winken) geben. Es folgt eine Pause von einer Minute. Dann werden die Zeichen wiederholt. Als Antwort auf das Notsignal (Verstanden!) werden innerhalb einer Minute dreimal Signale gegeben (etwa 20 Sekunden). Eine Minute Pause, dann Wiederholung.

Alle diese Aufnahmen – hier auf Cisles – sind Dokumentationen; sie wurden nicht gestellt.

Klettersteige führen uns vom weglosen ins Felsgelände. Als Folge des Massentourismus in den Alpen entstanden, bergen sie viele Möglichkeiten, aber auch viele Gefahren in sich.

Das Alpine Notsignal gehört zum Grundwissen jedes Bergsteigers. Das soll allerdings kein Freibrief sein, sich in Gefahren zu stürzen, nach dem Motto: Wenn ich nicht mehr weiterkomme, rufe ich um Hilfe. Im Gegenteil, es ist für den äußersten Notfall gedacht. (Jeder Mensch kann Fehler machen.) Dabei sollte immer bedacht werden, daß sich die Retter und Helfer bei jedem Einsatz Gefahren aussetzen. Ein mutwillig gegebenes Signal ist nicht zu verantworten.

Skiwandern

Fast überall, wo im Sommer gewandert wird, kann man im Winter skiwandern. Natürlich eignen sich nicht alle Wege gleich gut dafür. Dort, wo es sehr steil, ausgesetzt oder lawinengefährlich ist, wird sich der Skiwanderer nicht hinwagen.
Setzt die Skitour ein großes Maß an Erfahrung voraus (speziell mit Gletschern, steilen Schneehängen und Ausrüstung!), so ist es jedem geübten Wanderer, der auf Trailski stehen kann, möglich, auf flachen Wegen spazierenzugleiten.

Unter Skiwandern verstehe ich nicht das Langlaufen in der Loipe. Es ist vielmehr ein Unterwegssein in weglosem Gelände oder auf Steigen, die im Winter vollkommen zugeschneit sind.
Wir haben als Kinder viele der Wanderwege, die wir vom Sommer her kannten, im Winter mit Ski wiederholt. Das ist zwar anstrengender, aber ebenso reizvoll wie das Bergwandern im Sommer.
Mir ist unverständlich, warum das Winterwandern abseits von Piste und Loipe bei dem unübersehbaren Boom des Langlaufens und Skitourengehens ausbleibt.

Nicht nur daheim, auch in anderen Südtiroler Tälern war ich oft als Skiwanderer unterwegs. Dabei blieb vor allem der Eindruck eines größeren Gebirges rundherum. Unten: die Fermedatürme.

Die Berge erscheinen im Winter weiter als im Sommer. Durch den kurzen Tag ist die Zeiteinteilung ein ernstes Problem. Beim Wegsuchen sind andere Gesetze zu berücksichtigen als im Sommer. Vor allem darf die Spur nicht durch einen Lawinenstrich gelegt werden.

Es gibt keine besondere Technik beim Skiwandern. Daß das Gehen auf zwei »Brettern« etwas anderes ist als das normale Gehen, versteht sich von selbst. Nach wenigen Übungsstunden kann es jeder.
Ob die Ski gewachst oder mit Fellen versehen werden sollen, hängt vom Gelände ab und von der Zeit, die für die Vorbereitung zur Verfügung steht. Gut wachsen dauert lange. Die Stöcke sollen größere Teller haben und verlängerbar sein. Tourenmöglichkeiten im Winter ergeben sich nahezu ebenso viele wie für den Wanderer im Sommer. Besonders geeignet sind flache Hochalmen, Wanderwege am Waldrand und Umrundungen von Bergen. Für den späteren Bergsteiger ist das Skiwandern oft Mittel zum Zweck. Bei einigen meiner großen Winterbegehungen wäre ich erst gar nicht an den Einstieg gekommen, wenn ich nicht bis zum Fuß des Berges die Ski hätte benützen können.
Das Skifahren ist, wenn man von den nordischen Disziplinen absieht, von Bergsteigern in den Alpen entwickelt worden. Diese wollten auch im Winter ins Hochgebirge und haben in den ersten Jahrzehnten Technik und Ausrüstung nach ihrem »Zweck« bestimmt. Später erst nahmen die alpine und nordische Disziplin ihre eigene, skispezifische Entwicklung, und der heutige Skisport, vom Tourenfahren abgesehen, hat mit Bergsteigen nichts mehr zu tun. Die Skilehrer absolvieren zwar noch einen Hochgebirgskurs, viele Skifahrer hingegen laufen (im Lift und auf der Piste) buchstäblich am Gebirge vorbei.

Auf der Gampen-Alm über Villnöss; im Hintergrund in der Mitte die Furchetta.

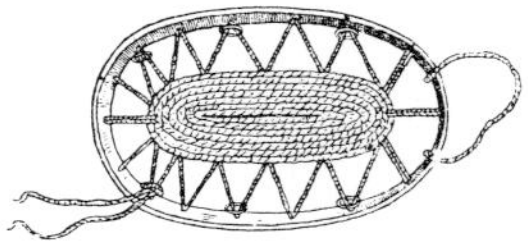

Unsere Skitechnik war denkbar einfach: Telemark, Stemmbogen. Heute kommt man wieder darauf zurück.

Rast mit meinem Bruder Günther bei einer Heuhütte. Oft stiegen wir am Nachmittag noch einmal auf.

»Als ich im Villnösstal meine erste Skiwanderung unternahm – von St. Magdalena auf die Zanser-Alm – überfiel mich in der Mitte des Weges ein Heißhunger. Auch war ich bald sehr müde. Ich hatte die Länge und Anstrengung des Weges vom Sommer her in Erinnerung und den Fehler gemacht, die Winterwanderung ähnlich wie die Sommerwanderung zu beurteilen. Seit damals weiß ich, daß im Winter derselbe Weg viel anstrengender und zeitraubender sein kann als im Sommer.«

Skiwandern ist eine großartige Möglichkeit, sich auch während des Winters im Gebirge zu bewegen, die Natur kennenzulernen und Erfahrungen für Skitouren im Hochgebirge zu sammeln. Es ist ein gutes Training für den Sommer und führt, wie alles intensive Tun, weg von Ersatzbefriedigungen wie Rauchen, zuviel Trinken, zuviel Essen. Jeder erfahrene Wanderer kann ein Stück Gebirge, das er vom Sommer her kennt, im Winter neu erleben.

Einige Tips für den Skiwanderer:

- ☐ Bei gleicher Kondition wechseln sich mehrere Skiwanderer im Spuren ab.
- ☐ Der Oberkörper bewegt sich möglichst wenig; die Stöcke sind zum Schieben da.
- ☐ In Hohlwegen fährt man in der Spur und »setzt« sich, die Stöcke am kurzen Hebel zwischen Hand und Schulter in den Schnee bohrend, wenn die Fahrt zu schnell wird.
- ☐ Lawinenauslaufbahnen berücksichtigen.
- ☐ Der starken UV-Strahlung vorbeugen (Sonnencreme, Sonnenbrille).

Skitour am Hals unterm Peitlerkofel, dem Übergang vom Villnöss- ins Gadertal.

Die Ausrüstung für eine Wanderung auf Ski ist denkbar einfach: Ski – am besten spezielle Wanderski mit entsprechender Bindung – und dazu passende warme Schuhe. Die Kleider vom Sommer werden durch Überhose und Daunenjacke ergänzt. Beides steckt im Rucksack, wenn die Sonne scheint.

Wer das Gehen durch den winterlichen Hochwald, das Hinaustreten auf eine unberührte Schneefläche im Almbereich, das Glitzern der grobkörnigen Schneekristalle einmal erlebt hat, kommt immer wieder.

Es ist Selbstbetrug, wenn man Müll im Schnee eingräbt; im Frühling kommt doch wieder alles zum Vorschein.

Gletscher

Schnee verwandelt sich durch Schmelz- und Gefriervorgänge in Firn und dieser weiter in Eis. In den hochgelegenen Rinnen, Mulden und Tälern als Sammelbekken entstehen die Gletscher.
Es ist viel leichter, im Fels Erfahrung zu sammeln als im Eis. Der Gletscher ist ständig in Bewegung, er ist unberechenbar. Nur wer bewußt und kritisch sehen gelernt hat, kann vom Fels ins Eis wechseln. Jeder Gletscher fließt als Eisstrom talabwärts, paßt sich dabei dem Untergrund an und reißt auf Zug. Spalten, Séracs und Gletscherbrüche entstehen. Die Spaltenbildung hängt von der Form des Untergrunds ab. Eine sogenannte Randkluft entsteht dort, wo das flachere Eisfeld eines Firnbeckens an eine Steilwand stößt. Auch mehrere Randklüfte übereinander sind häufig. Diese sind oft sehr breit und nicht selten das größte Problem bei einer Bergbesteigung, weil der untere Spaltenrand meist viel tiefer liegt als der obere. Etwaige Brücken (Lawinenschnee) haben ganz oben den schwächsten Punkt.

In den Ötztaler Alpen und im Ortlergebiet sammelte ich die erste Eiserfahrung.

Wer in die Eisregionen vorstoßen will, beobachtet die Gletscher, Eis- und Firnbecken zuerst vom sicheren Gletscherrand aus. Wer gelernt hat zu sehen, wird sich in der Hochgebirgsnatur richtig verhalten.

Gefahren auf Gletschern

Das größte Risiko bei Gletschertouren stellen die Spalten dar. Frühe Abbildungen zeugen von den entsprechenden Ängsten der Menschen. Der Gletscher war für sie wie ein wildes Tier. Das Eis

zerreißt über Bodenunebenheiten, vor allem auf Kuppen und in Mulden. Die dabei entstehenden Risse werden Gletscherspalten genannt. Je nach Art des Zuges oder Druckes entstehen Quer-, Längs- und Kreuzspalten, die die Form eines A oder eines V haben können. A-Spalten befinden sich hauptsächlich in Mulden, V-Spalten trifft man häufig auf Kuppen an. Offene Gletscherspalten stellen eine geringe Gefahr dar. Sie können übersprungen oder umgangen werden. Tükkisch sind zugeschneite Spalten, deren Schneedecke bei Belastung bricht.

Vielerorts ist der Verlauf der Gletscherspalten logisch, wie Geometrie.

Da auf jedem Gletscher die Gefahr von verdeckten (versteckten) Spalten besteht, soll grundsätzlich angeseilt gegangen werden. Überall dort, wo der Gletscher markant seine Neigung ändert, sowie am Gletscherrand, ist doppelte Vorsicht geboten. Gletscherbäche, -mulden und -sümpfe sind in den Alpen zwar selten, trotzdem aber als Gefahrenmomente zu berücksichtigen.

Eine weitere große Gefahrenquelle sind die Wächten. Sie entstehen durch eine Umlagerung des Schnees von der Wind- zur Windschattenseite. Bei warmem Wetter oder zu großer Belastung brechen diese Wächten und nehmen alles mit, was sich darauf oder darunter befindet. Überwächtete Grate sollen daher immer hinter der möglichen Abrißstelle begangen werden. Hermann Buhl, einer der erfolgreichsten Bergsteiger dieses Jahrhunderts, brach 1957 an der Chogolisa im Karakorum mit einer Wächte ab und ist verschollen.
Auch Stein- oder Eisschlag aus den Wänden sind zu berücksichtigen. Grundsätzlich sollen Rinnen gemieden werden. Bei warmem Wetter erhöhen sich Stein- und Eisschlaggefahr. In steinschlaggefährdeten Zonen, auch im Flachen, am Bergfuß, soll ein Steinschlaghelm getragen werden. Nach großen Neuschneefällen und im Frühjahr besteht vielerorts auch Lawinen- und Schneebrettgefahr.
Querspalten, quer zur Fließrichtung des Gletschers, entstehen auf Buckeln. Längsspalten sind ebenso auf Bodenunebenheiten zurückzuführen. Alle Theorie über die Gletscher verflacht im Verhältnis zur sinnlichen Erfahrung, der Beobachtung eines mehr oder weniger dikken Eisgürtels an einer Bergflanke. Mit ein wenig Hausverstand sind anhand der Spalten und des Geländes, die jeweilige Jahreszeit und Bewegung des Gletschers berücksichtigend, die Gesetzmäßigkeiten und Gefahren aus der Natur ablesbar.

Richtiges Verhalten am Gletscher

Der Grundsatz des Anseilens gilt ab Gletscherbeginn. Man benützt dazu einen Brust-Sitzgurt. So übersteht man den Sturz in eine Spalte leichter. Eine einzig richtige Anseilmethode gibt es nicht. Ist man zu zweit, wird das Seil am besten gedrittelt, so daß jeder ein Drittel Seilende im Rucksack trägt. Im Falle eines Spaltensturzes wirft es der Sichernde dem Hängenden zu. So kann dieser leichter aus der Spalte geborgen werden. Sind drei oder mehr Personen am Seil, gehen diese gleichmäßig verteilt.
Die behelfsmäßigen Rettungsmethoden aus Gletscherspalten sind vielfältig, je nach Situation. Die Spaltenbergung sollte bei Ausbildungskursen praktisch geübt werden und gekonnt sein, bevor man selbständig loszieht.
Eispickel und Steigeisen sind am Gletscher nicht nur nützlich, sondern oft auch unentbehrlich. Der Pickel dient als Stütze, zum Stufenschlagen, Sichern und Abbremsen im Falle eines Ausrutschers.

Gletscherwanderung am Ortler. Der zweite, dritte, vierte Teilnehmer geht los, wenn das Seil gespannt ist.

Auf hartem Firn und in steilerem Gelände benutzt man Steigeisen. Günstig sind Eisen mit zehn oder zwölf Zacken und Bindung. Auf flachem Eis entspricht die Gehtechnik der des Wanderns. Kleine Schritte; der ganze Fuß wird flach aufgesetzt. Im steilen Eis gibt es grundsätzlich zwei Techniken der Fortbewegung: die Eckensteintechnik und die Frontalzackentechnik.

◁ Aufbruch am Dhaulagiri.

Materialkontrolle vor dem Start.

Angeseilt wird am Gletscherrand.

Bei der Eckensteintechnik wird der ganze Fuß parallel zum Hang aufgesetzt. Diese Technik läßt sich bis zu einer bescheidenen Steigung anwenden. Wenn es unangenehm steil wird, wechselt man auf die Frontalzackentechnik. Dabei steigt man in der Fallinie aufwärts und setzt nur die ersten vier oder zwei Zacken der Steigeisen ein.
Auf flachen Gletschern und unschwierigen Graten gehen die Mitglieder einer Seilschaft zwar am Seil, aber nicht im Rhythmus des Gehens und Sicherns. Bei der Überwindung von schwierigen Passagen sichern sie sich gegenseitig. Am Standplatz dienen Pickel, Eisschrauben oder Firnschaufeln als Anker. Stürzt ein Teilnehmer in eine Spalte, müssen die übrigen den Sturz bremsen (sich auf den Boden werfen, Pickeleinsatz).

Lawinenkatastrophe

Neuschneefälle im Sommer können auf kurze Zeit vollkommen winterliche Verhältnisse in den Alpen schaffen und stärkste Lawinengefahr mit sich bringen. Im überaus schneereichen Sommer 1910 erfolgte eine der schwersten Lawinenkatastrophen, welche die Geschichte des Bergsteigens überhaupt kennt. Anfang Juli befanden sich die zwei Touristen A. Kühn und H. Barthold mit Alexander Burgener und dessen beiden Söhnen Adolf und Alexander in Grindelwald und waren fünf Tage lang wegen schlechten Wetters zur Untätigkeit verurteilt. Als es endlich aufklarte, beschlossen sie am 8. Juli, trotzdem in den letzten 14 Tagen große Neuschneemengen gefallen waren, aufzubrechen und benützten die Jungfraubahn bis zur Station Eismeer, um von dort die Berglihütte zu erreichen.
Dadurch wurde ihnen der lange Weg über das untere Eismeer und den Grindelwalder Biescherfirn – der überdies vielleicht wegen der großen lockeren Neuschneemassen an dem betreffenden Tage nicht ausführbar gewesen wäre – erspart; sie mußten aber von der Station Eismeer bis zur Hütte einen ziemlich langen Quergang über den steilen, stark zerschrundeten Firnbruch ausführen. Von Grindelwald ging noch der Führer Fritz Brawand mit, und an der Station Eismeer wurde die Gesellschaft außerdem durch die Führer Peter und Rudolf Jnäbnit verstärkt. Die Bildung einer Kolonne von zwei Touristen und sechs Führern

Blick in eine Gletschermulde mit typischer Spaltenbildung. Routen sind hier von oben besser zu legen.

Eine Fünferseilschaft beim Überqueren eines Gletschers. Die Spalten sind zugeschneit, verdeckt.

zeigt, daß man mit sehr starker Arbeit beim Brechen der Spur durch den tiefen Neuschnee von vornherein rechnete. Die beiden Jnäbnit gingen zum Spurtreten voraus.
Eine Trägerkolonne, bestehend aus den Führern Christian und Fritz Bohren, Bleuler und Kaufmann, benutzte die Gelegenheit, um in der Spur zu folgen und Proviant auf die Berglihütte zu bringen. Als die acht Mann starke erste Kolonne sich der Hütte näherte, kam ihnen Christian Bohren Vater entgegen, um der ankommenden Partie für die letzte Strecke eine Spur zu schaffen.
Kaum war Bohren Vater mit der vorderen Partie zusammengetroffen, da brach über der nun neun Mann starken Gesellschaft der Schnee, der auf alter harter, vereister Unterlage ruhte, mit mannshoher Bruchfläche ab und riß alle mit in die Tiefe.
Am Berglifelsen wurde die Lawine in zwei Teile geteilt, deren westlicher die neun Mann etwa 200 Meter tief über die Felsen schleuderte, während der östliche, kleinere Teil der Schneemassen die Trägerkolonne überraschte und über den Firn hinabfegte. Das war sechs Uhr abends. Die vier Träger konnten sich nach etwa dreiviertelstündiger Arbeit freimachen und zur Station Eismeer zurückkehren. Von dort hatte man die Männer mit einem Zeißfernrohr beobachtet und sofort nach Eintritt der Katastrophe eine Rettungskolonne abgeschickt.
Der Hüttenwart von Bergli, Kaufmann, hatte das Donnern der Lawine gehört und war gleich rasch zu den Verunglückten abgestiegen. Von diesen waren sofort tot Alexander Burgener und sein Sohn Adolf, die beiden Touristen Kühn und Barthold sowie die Führer Bohren Vater und Peter Jnäbnit. Rudolf Jnäbnit starb auf dem Transport zur Station Eismeer. Fritz Brawand und Alexander Burgener Sohn waren schwer verletzt. Die Bergung der Verwundeten, an der vom Personal der Jungfraubahn noch 40 Mann teilnahmen, wurde mit Tatkraft und Umsicht noch in der Nacht bei Azetylenlicht durchgeführt und war bis Mitternacht ohne weiteren Unfall beendet.
Am folgenden Tage fand die Bergungsarbeit der Leichen durch Grindelwalder Führer statt. Trotzdem unter dem frischen Eindruck dieses schweren Unglücks, dem einer der hervorragendsten Führer, die je gelebt haben, mit zum Opfer fiel, die Kritik schwieg, ist es an dieser Stelle unsere Pflicht, auf die schweren Verstöße hinzuweisen, welche gegen die Grundregeln des Verhaltens bei Lawinengefahr begangen wurden. Zu allererst wurde der auch allen Führern bekannte Grundsatz mißachtet, nach lan-

Der Baltorogletscher im Karakorum, ein typischer Toteisgletscher.

gen (14 Tagen), reichlichen Neuschneefällen nicht sofort am ersten schönen Tag in lawinengefährliche Gebiete zu gehen, bevor die Schneemassen gesetzt, mit der Unterlage verfroren oder an steilen Stellen von selbst abgefahren sind. Da hätte jeder erfahrene Bergsteiger, ob Führer oder Tourist, ein energisches Veto gegen Antritt einer solchen Tour einlegen müssen. Der zweite schwere Fehler war das dichte Aufrücken und Zusammenmarschieren von acht Mann beim Queren eines steilen, überaus lawinengefährlichen, mit mannshohem Neuschnee bedeckten Abhangs.
Der Gedanke, die zwei leichtesten Führer unter den gegebenen Verhältnissen zum Spurtreten vorauszuschicken, war richtig, wurde aber nicht fachgemäß durchgeführt, da der Haupttrupp von sechs in kurzen Abständen angeseilten Männern der vorderen Kolonne ganz aufgerückt war. An der kritischen Stelle wühlten somit neun Mann eine tiefe Querspur, welche den Zusammenhang der lastenden, lockeren Schneemassen so störte, daß sie zum Losbrechen gebracht wurden. Es wäre in diesem Falle ein Wunder gewesen, wenn sie nicht abgeglitten wären.
Daß alle angeseilt waren, ist begreiflich, da man stark zerschrundetes Firngebiet queren mußte, aber wie sie angeseilt waren und die Art der Marschordnung war besonders verhängnisvoll. Im vorliegenden Fall wäre die sicherste Maßnahme gewesen, wenn je zwei am doppelt genommen langen Seil jeweils mit mindestens 200 bis 300 Meter Zwischenraum von den anderen gegangen wären und diese Entfernung peinlich eingehalten hätten. Wenn es auch nicht wahrscheinlich ist, daß ein Unglück überhaupt vermieden worden wäre, so hätte doch sicher die Katastrophe nicht zum Untergang von so vielen Menschenleben geführt.
(Aus: »Die Gefahren der Alpen« von Zsigmondy/Paulcke)

Orientierung auf Gletschern

Im Sommer, bei gutem Wetter, fällt dem erfahrenen Bergsteiger die Orientierung auch auf Gletschern nicht schwer. Er hält sich meist an Steige (Routen), die von anderen Bergsteigern getreten worden sind. In fast allen Gegenden sind diese Pfade recht gut gekennzeichnet. Schwieriger wird es, wenn Wegspuren zugeschneit sind, wenn Nebel aufkommt. Jeder Bergsteiger muß mit den Orientierungshilfen vertraut sein, um den richtigen Weg auch ohne Vorgaben zu finden. Landkarte, Kompaß und Höhenmesser sind die wichtigsten Hilfsmittel, nicht nur auf Gletschern (siehe auch Seite 44). Das Festlegen einer Marschskizze muß zuerst daheim gelernt und dann in der Praxis geübt werden. Das Orientieren nach Karte und Kompaß gehört zur theoretischen Grundvoraussetzung des Eisgehers.
Wichtiger als alle anderen sind die natürlichen Orientierungshilfen: Moränen, Bergspitzen, Täler, Sonnenstand, Sternbilder, verschiedene Geländeerscheinungen. Ein geschultes Auge kann auch aus großer Entfernung den besten Weg festlegen. Dies gilt vor allem für die riesigen außeralpinen Gletscher im Himalaya, im Karakorum und in Grönland.

Gletscherformationen beim Aufstieg zur Suldenspitze im Ortlergebiet (oben), am Nordfuß des Mount Everest (unten links) und am Nangpa La (unten rechts).

Wer hundertmal gefahrlos einen Weg gegangen ist, hofft auch das hunderterste Mal heil durchzukommen und läßt oft aufsteigende Bedenken nicht aufkommen. Das ist ein großer Fehler.

Spaltenbergung

Ein guter Bergsteiger bemüht sich, in keine Spalte zu fallen. Wenn ihm das Mißgeschick passiert, kommt er wieder heraus. Wie? Es gibt keine Methode der Spaltenbergung schlechthin. Je nach Situation (Tiefe, Verletzungen, Zahl der Sichernden) verhalten sich und agieren Gestürzter und Helfer verschieden. In einer solchen Lage die Ruhe zu bewahren und doch schnell zu handeln, ist ganz besonders wichtig.
Wer die Natur der Gletscher kennt und gelernt hat, sich auf ihnen zu bewegen, wird ein interessantes und unendlich großes Spielfeld auf ihnen finden. Das Gletscherwandern birgt spannende Naturerlebnisse, aber auch eine Fülle von Gefahren, denen man nur mit einem ausgeprägten Instinkt begegnen sollte.

Am Spaltenrand schneidet das Seil, an dem der Gestürzte hängt, rasch in den Schnee oder ins Eis ein. Das erschwert die Bergung. Ein Pickelstil, unter das Zugseil geschoben, schafft Erleichterung und schont das Seil am Eisrand.

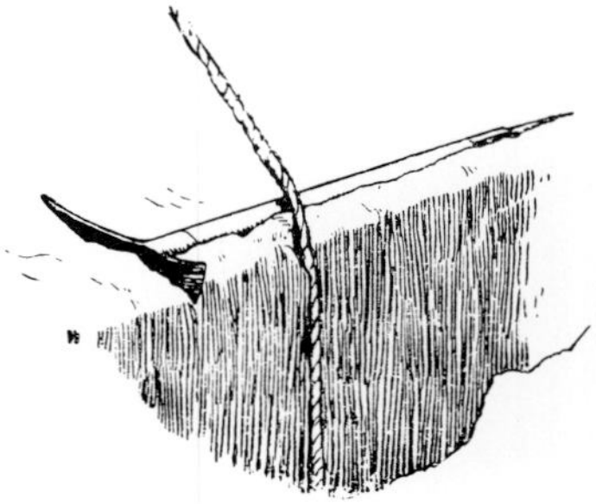

Am Seil gesichert nähere ich mich dem Spaltenrand, um die Lage zu prüfen.

Gestürzter Bergsteiger in Spalte.

△ Abstieg von der Suldenspitze ins Tal. Zahlreiche Spalten müssen umgangen werden. Am rechten Bildrand die Königspitze.

In den meisten Fällen kann der unverletzt gebliebene Gestürzte mit Klemmknoten und einem zugeworfenen Seilende selbst aus der Spalte klettern. Ein verletzter Bergsteiger kann meist mit Flaschenzug aus Seilen, Karabinern (mit Rollen) und Reepschnüren herausgezogen werden. Im Notfall muß sich einer der Sichernden zu ihm abseilen. Die Spaltenbergung muß mit allen Handgriffen (Knoten, Flaschenzug) vor dem Betreten des Gletschers gekonnt und geübt sein. Nur wer in solchen Fällen jeden Handgriff wie im Traum beherrscht, kann sich und anderen helfen.

Skibergsteigen

Der Reiz einer unberührten Schneelandschaft ist mit nichts zu vergleichen. Der Genuß, vom Gipfel über Firn- oder Pulverschneehänge zu gleiten, gehört zu den schönsten Formen des Winteralpinismus. Lawinen, Gletscherspalten und Nebel allerdings können gefahrvolle Situationen heraufbeschwören.
Neben der üblichen Bergausrüstung und wärmerer Kleidung benötigt der Skitourenfahrer Ski mit Tourenbindung und Steigfelle. Die Bindung soll leicht und einfach zu bedienen sein. Die Steigfelle müssen den Ski angepaßt sein (Klebefelle mit Fixierung sind ideal). Ein Verschüttetensuchgerät (Sender-Empfänger-Gerät, das im Unglücksfall die Lage des Verschütteten in der Lawine signalisiert) ist empfehlenswert. Es gibt Rucksäcke mit seitlicher Befestigungsmöglichkeit für die Ski, zweckmäßig für jene Tourenpassagen, die man besser zu Fuß bewältigt.
Die Skistöcke sollen verstellbar und mit großen, abnehmbaren Tellern versehen sein. Im Notfall dienen sie als Lawinensonden. Die Schuhe müssen unbedingt eine Profilgummisohle haben und für den Aufstieg im Gelenk beweglich sein.

Abfahrt im Tiefschnee unter dem Matterhorn im Wallis.

Das Tourenfahren ist in den letzten Jahren zu einer Modeerscheinung geworden. Das ist erfreulich. Der Aufstieg aus eigener Kraft, abseits von Liften und Pisten, die Abfahrt durch unberührtes Gelände – das alles entspricht den Anfängen des Alpinismus. Der Schnee, der im Winter und Frühling auf den Bergflanken liegt, läßt Hänge und Gletscher oft harmloser erscheinen, als sie sind. Das berücksichtigt ein guter Bergsteiger. Im Winter ist nicht nur der Tag kürzer, auch der Spielraum zwischen verantwortbar und nicht verantwortbar wird kleiner.

Das Val de Mesdí über Colfuschg in der Sella-Gruppe – Ziel einer der beliebtesten Skitouren in den Dolomiten, insbesondere im Frühjahr.

Aufstieg am Fuße der Argentière-Nordwand im Mont-Blanc-Gebiet, in der mir im Sommer 1968 eine klassische Erstbegehung gelungen ist.

Das Queren von Steilhängen, besonders bei Lawinengefahr, muß gemieden werden. Richtungsänderungen können in Form von Bögen durchgeführt werden. Erst wenn das Gelände steil wird, sind die anstrengenderen Spitzkehren angebracht. Begibt sich der Skibergsteiger in Gletscherregionen, so wird er nach Möglichkeit Spaltenzonen meiden und seine Aufstiegsspur senkrecht zur Richtung der Hauptspalten legen. Selbstverständlich müssen sich Skibergsteiger in Spaltenzonen anseilen. Dies gilt auch für die Abfahrt. Selbst wenn es die Bewegungsfreiheit einschränkt, für die Sicherheit ist es notwendig.

Technik und Aufstiegsspur

Das Gehen auf Ski entspricht einem rhythmischen Gleiten. Beim Aufstieg mit Steigfellen wird das Gewicht auf das jeweilige Standbein verlagert. Die Spur wird in Hüftbreite gezogen, die Schrittlänge der Hangneigung angepaßt. Im flachen Gelände sind die Schritte länger als im steilen. Die gesamte Lauffläche des Ski liegt auf dem Schnee und wird belastet. Der Körperschwerpunkt bleibt über dem Standbein. So wird das Abrutschen verhindert.
Die Aufstiegsroute wird den vorhandenen Geländeformen angepaßt. Auch soll sie gleichmäßige Neigungen aufweisen.

Der Seilerste nähert sich bei der Abfahrt dem Spaltenrand nur, wenn die Kameraden in Abstand sichern.

Auch eine bereits vorhandene Aufstiegsspur kann nicht als Lebensversicherung gelten. Alle Hänge müssen auf etwaige Lawinengefahr hin geprüft werden. Die Verhältnisse können sich rasch ändern, und nur die momentane Situation entscheidet. Aufstieg und Abfahrt müssen immer so gewählt sein, daß keine lawinengefährdeten Zonen angeschnitten werden.

Besondere Vorsicht ist dort geboten, wo der Baumbestand schütter ist. Sehr steile Gipfelanstiege über Eis oder Fels werden mit den Ski am Rucksack durchgeführt. Besser sogar, man läßt die Ski zurück.
Die Abfahrtstechnik hängt vom Können, vom Gelände und von den Schneeverhältnissen ab. Jeder Tourenfahrer träumt von Firnhängen und verwünscht den Bruchharsch. Die brauchbarsten Techniken sind Hoch- und Tiefschwingen, Stemmschwung, Umsteigen und Umspringen.
Die größte Gefahr beim Skibergsteigen bilden die Lawinen. Oft werden Lawinen durch den Skifahrer selbst ausgelöst. Nur durch eine gute Ausbildung kann diese Gefahr auf ein Minimum reduziert werden. Zahlreiche berühmte Bergführer und Alpinisten sind in Lawinen ums Leben gekommen. Eine Mahnung, äußerst vorsichtig zu sein.

Bei starker Sonneneinstrahlung, wie hier am Otemmagletscher, ist ein Sonnenhut unbedingt notwendig.

Aufstieg mit Ski oberhalb der Spaltenzonen in der Nordflanke des Shisha Pangma.

Lawinenunfall

Der anfangs des Winters gefallene Schnee war infolge andauernd schöner, klarer Tage hart gefroren. Dann fiel, vielleicht etwas mehr als eine Woche vor unserer Tour, wieder ziemlich viel Schnee, der jetzt ebenfalls schon mit einer Kruste bedeckt war. Diese war aber so hart, daß ich an eine Lawinengefahr gar nicht dachte. Als nun mein zweiter Begleiter anschnallte, wollte ich nicht zurückbleiben und fuhr auch mit. Zuerst konnte man sich kaum gegen das seitliche Abrutschen erwehren, doch mit starkem Kanten ging's, bis wir gegen die Mitte der ausgedehnten Mulde zu immer mehr einsanken. Der Erste war nun schon weit über die Mitte, auf welcher sich gerade der Zweite befand. 40 Meter hinter ihm war ich. Da begann auf einmal der Zweite sichtlich abzurutschen. Ich glaubte zuerst, er sei wieder auf Harst geraten und ausgeglitten, sah dann aber zu meinem Entsetzen, daß er eine Lawine losgemacht hatte und mit ihr schon in die Tiefe fuhr. Er war zum Sitzen gekommen, konnte sich aber noch fortwährend an der Oberfläche halten, begann noch während des Abfahrens um Hilfe zu rufen und kam schließlich 300 Meter unter mir zum Stillstande, bis an die Brust im Schnee eingepreßt. Da er noch immer rief, wollten wir ihm zu Hilfe kommen, doch kaum hatte ich mich nur bewegt, als ich über mir den bekannten dumpfen Ton hörte: Der Hang brach 20 bis 30 Meter ober mir und begann, mit mir abzufahren. Zum Abschnallen der Ski, an das ich wohl dachte, hatte ich keine Zeit, weil die Anfangsgeschwindigkeit, mit der ich mich bewegte, schon zu groß war. Hinausfahren konnte ich nicht, weil vor mir die glattgefegte Fläche lag, über die der Erste hinuntergesaust war. Übrigens warfen mich die von oben nachkommenden Schneemassen gleich um, ich überschlug mich mehrere Male, steckte bald tief im Schnee, sah dann wieder für Momente die Sonne blitzen, um gleich wieder zu verschwinden. Einmal drang mir der Schnee in den Mund und raubte mir fast den Atem. Dann fühlte ich, wie ich heftig auf den Rücken auffiel, im nächsten Moment wurde ich wieder emporgeschleudert und – lag an der Oberfläche der Lawine, die gerade zum Stillstande kam. Als ich jetzt herauskrabbelte, sah ich über mir meinen Freund, den die zweite Lawine ebenfalls frei gemacht hatte.

(Aus: »Mitteilungen des D. und Ö. A. V.«, 1904)

Am Morgen vor dem Aufbruch werden nochmals alle Geräte überprüft.

Wetter und Lawinen

Der Skitourengeher meidet Lawinengefahr. Zur sicheren Beurteilung, ob diese besteht, sind theoretische Kenntnis über die Entstehung von Lawinen, praktische Übung und Erfahrung Voraussetzung. Der Schnee ist eine plastische Masse, die nach unten zieht. Eine in sich gebundene Festschneeschicht hängt am oberen Ende des Hanges (Zugzone) und stützt sich dort, wo der Hang flacher wird (Druckzone). In den Zug- und Druckzonen sind Schneebretter am häufigsten.

Auch die besten Schneeverhältnisse sollen die Gefahren nicht vergessen lassen.

Am Shisha Pangma in Tibet stiegen wir mit leichten Tourenski bis über 7000 Meter Meereshöhe auf. Das war im tiefen Schnee weniger anstrengend.

Es ist wichtig, die allgemeine Wetterlage zu beobachten und die Meldungen des Lawinenwarndienstes zu hören. An Ort und Stelle studiert man die spezielle Geländeform des Tourengebiets und prüft die momentane Beschaffenheit der Schneedecke.

Eine gängige Methode, die Schneedecke zu untersuchen, ist die »Norweger-Methode« (Schneeprofil, Rutschkeil). Wichtig dabei ist es, den Testplatz richtig zu wählen. Ansonsten ergeben sich keine Schlüsse auf die tatsächlichen Verhältnisse. Verhängnisvolle Fehler könnten die Folge sein.
Bei den Untersuchungen der Schneedecke werden die Härte der einzelnen Schichten, deren Bindung untereinander, die Kristallstruktur und die Dicke der Schichten beobachtet.
Besonders lawinengefährdet ist ein Hang immer dann, wenn in der Tiefe von 30 bis 60 Zentimeter in der Schneedecke ungebundene Zwischenschichten lagern. Diese Zwischenschichten bestehen entweder aus grobkörnigen Eiskristallen, sogenannten Becherkristallen, aus dünnen eingeschneiten Reif- oder aus hartgefrorenen Eisschichten, die mit der oberen Schicht nicht verbunden sind.

Bei einem Lawinenunfall gelten folgende Verhaltensregeln:

- ☐ Wer rechtzeitig bemerkt, daß er sich in einer Lawine befindet, versucht durch Schußfahrt, der abgehenden Lawine zu entkommen.

- ☐ Ist ein Entkommen aussichtslos, so ist es wichtig, Ski und Stöcke loszuwerden. Durch Schwimmbewegungen kann man sich an der Oberfläche halten.
- ☐ Vor Stillstand der Lawine nimmt man eine Kauerstellung ein. Arme und Hände vor das Gesicht, um einen Luftraum zum Atmen zu schaffen.
- ☐ Ruhe bewahren. Schreien ist sinnlos. Der Schall dringt nicht durch die Schneedecke nach draußen, und die Kräfte müssen geschont werden.
- ☐ Die Kameradenrettung muß sehr schnell eingeleitet werden, denn die Überlebenschancen sinken in den ersten zwei Stunden auf ein Viertel.
- ☐ Die Helfer dürfen sich nicht selbst in Gefahr begeben. Oft können Nachlawinen abgehen.
- ☐ Der letzte Standort, der Verschwindepunkt und der eventuelle Ruhepunkt des Verschütteten wird markiert.
- ☐ Verschüttetensuchgerät auf Empfang und volle Lautstärke schalten.
- ☐ Der Lawinenkegel wird mit Augen und Ohren abgesucht. Ist der Verschüttete lokalisiert, wird mit dem Skistock oder mit einer Sonde der genaue Punkt festgestellt und der Verschüttete mit der Lawinenschaufel, die zu den Ausrüstungsgegenständen des Skibergsteigers gehört, ausgegraben.
- ☐ Nach der Bergung sind die nötigen Sofortmaßnahmen zu treffen: Versorgung von Verletzungen, Behandlung von Unterkühlung, Wiederbelebungsversuch und eventuelle Schockbehandlung.

Zahlreiche Lawinen werden vom Skifahrer selbst ausgelöst. Durch richtiges Verhalten können sie vermieden werden. Grundwissen und Techniken kann man sich in Ausbildungskursen aneignen, den Instinkt jedoch nicht.

Skiabfahrt auf 6500 Meter am Shisha Pangma.

Trekking

Am intensivsten bleibt das Erlebnis wohl, wenn man möglichst viel selbst organisiert, wenn man seiner Neugierde folgend los- und weiterzieht. Wo? Nicht nur der Himalaya bietet ungezählte Möglichkeiten, auch ein Trekking auf der Wasserscheide den gesamten Apennin entlang oder quer über die Alpen ist herausfordernd.

Sogar der Himalaya ist heute jedermann zugänglich. Trekking, das tagelange Wandern von Dorf zu Dorf bis hinauf zum Fuß der großen Berge, ist zu einer Modeerscheinung geworden. Überall, wo die Berge ohne Straßen und Seilbahnen sind, wird getreckt. In der Sahara und in Afrika ebenso wie in den Anden Südamerikas, in den Rocky Mountains und vor allem im Himalaya. Das Unterwegssein in fernen Ländern, das Eintauchen in die lokale Natur und Kultur ist die beste Form, ein Gebirge kennenzulernen. Generell gesehen, ist Trekking nicht anstrengender und auch nicht schwieriger als Bergwandern in den Alpen. Natürlich gibt es ausgesprochen anspruchsvolle Routen, die über hohe Pässe und Gletscher führen und mehr Ausdauer sowie Erfahrung voraussetzen als ein Dolomiten-Höhenweg. Auch führen viele Trekkingrouten in Höhenregionen, die es in den Alpen nicht gibt, in 5000 und mehr Meter Meereshöhe. Probleme der Akklimatisation, der Umgang mit den Einheimischen und Fragen der Orientierung (Markierungen und Wegetafeln fehlen vielerorts) stehen dabei im Vordergrund. Das Trekking ist heute sehr gut organisiert. Eine Reihe von Einrichtungen bieten bei uns Trekkingreisen an. Bei lokalen Veranstaltern kann man, je nach Wunsch und Können, eine Vielzahl von Wanderungen buchen.

Links: Abend nach einem Trekkingtag am Fuße des Dhaulagiri in Nepal. Heute genieße ich das harte Zeltlager, die karge Kost ebenso wie ein luxuriöses Hotelleben. So kann ich beobachten, ohne zu leiden.
Unten: Tschorten in Tengpoche.

Balti-Träger in der Braldoschlucht im Karakorum. Steinschlaggefahr!

____»Es war am letzten Tag beim Anmarsch zum Basislager des K_2 im Karakorum. Noch wenige Stunden Trekking – die meisten Wege zu den Basislagern sind hochalpinen Wanderungen vergleichbar –, und wir wären 5400 Meter hoch, am Savojagletscher in unserem Basislager gewesen. Wenn nicht kurz vorher einer unserer Balti-Träger in eine Gletscherspalte gestürzt wäre! Ich hatte zwar am Morgen die Weisung gegeben, daß niemand unsere Wegspur verlassen dürfe, einer der Träger aber hielt sich nicht daran, ging ein Dutzend Schritte weit zum Gletscher hin und stürzte dabei so unglücklich in eine jener kurzen, engen Spalten am Gletscherrand, daß er sofort tot war. Wir brachen den Anmarsch ab, gingen zurück und erstellten das Lager am Godwin-Austen-Gletscher.«

Dieses Beispiel erzählt eine Situation, die bei vielen Trekkings auftauchen kann. Hier ein paar Anmerkungen, um ähnliche Unfälle vermeiden zu können:

- ☐ Trekking stellt hohe Anforderungen und verlangt ein größeres Wissen als das Alpenwandern, da eine Reihe von witterungsbedingten und geographischen Faktoren berücksichtigt werden müssen. Die meisten Unfälle in der Höhe sind eine Folge von Unkenntnis des Geländes und Unterschätzung des Sauerstoffmangels.
- ☐ Trekkings sind meist länger und anstrengender als normale Alpenwanderungen.
- ☐ Eine Überschätzung der eigenen Leistungsfähigkeit wirkt sich schwerwiegender aus als in gut erschlossenem Gelände.
- ☐ Im Nebel ist man schnell vom richtigen Weg abgekommen. Gewitter und Stürme stellen auch in 5000 Meter Meereshöhe große Gefahren dar. Außerdem kann es im Hochgebirge zu schnellen Temperaturstürzen kommen, die zu Schneefällen führen.
- ☐ Intensive Sonneneinstrahlung, die Hitzschlag oder (auf Gletschern) Schneeblindheit zur Folge haben kann, ist zu berücksichtigen. Jeder Trekker braucht eine Gletscherbrille.
- ☐ Schlechtwettereinbrüche merkt man an den Wolken, an starker Windbewegung und auf dem Höhenmesser (er steigt).
- ☐ Im Nebel muß man sich manchmal mit Karte und Kompaß weiterhelfen. Wichtig ist in diesem Fall, daß die Gruppe zusammenbleibt.
  Ist der nächstgelegene Stützpunkt nicht mehr zu finden oder wegen Dunkelheit nicht erreichbar und auch kein Zelt vorhanden, kann ich nur raten, an einem sicheren Platz dicht zu-

sammengedrängt (beispielsweise in einer Höhle, in einem Schneeloch) zu biwakieren.

- ☐ Ein trainierter Bergsteiger kann sich selbst richtig einschätzen und vermag darüber hinaus noch Kraftreserven zu mobilisieren, wenn es eine Gefahrensituation erfordert.
- ☐ Besondere Vorsicht ist beim Trinken geboten. Viele Quellen unterhalb der Siedlungsgrenze sind verseucht.
- ☐ Die einheimischen Träger und Bauern sind nicht immer und überall so ehrlich und hilfsbereit, wie sie vielfach geschildert werden. Leider.

Trekking hat nichts mit Kolonialisierung zu tun. Wir kommen nicht als Eroberer oder »Herrenmenschen«, sondern als Gäste. Wer sich in fremden Ländern als »Napoleon« fühlt, sollte lieber daheim bleiben. Die Kunst des Trekkens besteht auch darin, sich auf eine Stufe mit den Einheimischen zu stellen.

Yoilá nannten die Balti diese aus Weiden geflochtenen Hängebrücke über einen Gletscherbach. Heute gibt es hier nur mehr eine Seilbrücke.

Leichter Fels

Beides kann nur am Berg, am besten im Klettergarten, erlernt werden. Dabei ist es keine Schande, mit einem Bergführer zu gehen oder sich einer Alpinschule anzuvertrauen. Gerade bei leichten Touren kann man viel von seinen Lehrern abschauen. Nur im Tun sammelt man eigene Erfahrungen. Anlesen kann man sich das Klettern nicht.

Die ersten Schritte im Fels sind wichtig. Das Klettern muß im leichten Fels erlernt werden. Fehler und schlechte Gewohnheiten sind später schwer korrigierbar. Oft haben sie tödliche Folgen. Zwei Praktiken müssen in Fleisch und Blut übergehen und geübt werden: sichere Fortbewegung und saubere Sicherung.

Im leichten Fels wechseln steilere Kletterpassagen immer wieder mit Schrofengelände, Blockgraten und Rinnen ab. Ein Sturz ist wegen der großen Aufschlaggefahr und der wenigen Zwischensicherungen meist lebensgefährlich! Im leichten Fels ist kein Sturz zu verantworten.

Fast zehn Jahre lang kletterte ich ausschließlich in den heimatlichen Geislerspitzen. Das »Wandl« an der großen Fermeda (unten) ging ich dabei ein dutzendmal.

Erst später lernte ich auch die anderen Dolomitengruppen kennen – links in der Brenta – und gebe seit 15 Jahren meine Erfahrungen an Kletterschüler weiter.

Sicherungstechniken und Knoten

Zur Sicherungstechnik gehören Anseilart, Anseilknoten, Zwischensicherungen, Gefährtensicherung und Selbstsicherung am Standplatz. Dies alles muß daheim oder im Klettergarten gelernt werden, bevor man auf Tour geht. Hier einige Schwerpunkte:

- ☐ In der Praxis ist es wesentlich, daß wenigstens ein Anseilknoten (Achterknoten, Spirenstich oder Bulin) und ein System der Gefährtensicherung (Halbmastwurf) wie im Traum beherrscht werden.
- ☐ Das Anseilen erfolgt mit einem Einfachseil (10,5 oder 11 mm) in den Brust- und Sitzgurt.
- ☐ Wichtig ist ein sauberer Standplatz. Zur Selbstsicherung am Stand sollen mindestens zwei Fixpunkte, die einer Belastung nach unten und oben standhalten, gesetzt werden.
- ☐ Selbstsicherung und Bremse hängen so, daß im Falle einer Maximalbelastung (Sturz) weder Strangulation noch Ausreißen denkbar sind.
- ☐ Die Gefährtensicherung muß dynamisch bedient werden und unkompliziert sein. Der Halbmastwurf erfüllt diese Forderungen.
- ☐ Zwischensicherungen, die angebracht werden, um die eventuelle Sturzhöhe des Vorauskletternden zu reduzieren, müssen halten. Sichere Haken schlagen, Klemmkeile legen oder Schlingen so an Felsköpfen befestigen, daß sie liegen bleiben, ist eine Kunst, die geübt sein will.

Mit meinen Kletterschülern übe ich den Flaschenzug und sauberes Klettern.

◁ Am Fuße der Großen Fermeda in den Geislerspitzen.

Die Drei-Punkte-Regel ist das Einmaleins des leichten Felskletterns. Die Bewegungen sollen nicht ruckartig ausgeführt werden. Das Steigen soll fließend und sicher ablaufen. Die Augen klettern voraus, suchen Tritte und Griffe. Der Körper folgt der vorausgedachten Bewegung.

Jeweils drei Punkte – zwei Füße und eine Hand oder ein Fuß und zwei Hände – haben am Fels festen Halt. Nur eine Hand oder ein Bein werden jeweils bewegt. Den Körper heben wir mit den Beinen. Die Hände dienen dazu, den Oberkörper im Gleichgewicht zu halten. Sehr wichtige Faktoren beim Klettern sind das Selbstvertrauen und ein Gefühl für den Fels. Griffe und Tritte müssen vor der Belastung auf ihre Festigkeit geprüft werden.
Je nach Art der Felsstruktur gibt es verschiedene Techniken der Fortbewegung, des Freikletterns. Bei der Steigtechnik, auch Leitertechnik genannt, steigt man wie an einer Leiter, Griffe und Tritte vorwiegend vertikal belastend. Zur Spreiztechnik gehen wir in steilen Wänden und Verschneidungen über. Auch in weiten

Freiklettern in mittelschwierigem Fels.

Kaminen bringt diese Art der Gewichtsverlagerung erhebliche Vorteile. In engen Kaminen wenden wir meist die Stemmtechnik an. Man klettert dabei mit Beinen und Rücken auf Gegendruck zwischen zwei Felswänden.
Die verschiedenen Hangel-, Klemm- und Reibungstechniken gehören in die Hohe Schule des Felskletterns.

Ein Kletterer stürzt nicht; dies gilt besonders für leichte Touren. Die Sicherung muß zwar beherrscht werden, sie darf aber niemals Ersatz für fehlendes Können sein. Erst wer jahrelange Erfahrung im Felsklettern hat, kann seine Touren selbst wählen und führen. Er bemüht sich dabei, wenigstens einen Grad unter seiner Leistungsgrenze zu bleiben.

◁ Felsstruktur am Cimone della Pala.

Breccie aus verschiedenartigem Gesteinsmaterial

Geologie und Geographie

Die Entstehung der Alpen und deren Einteilung können in ungezählten Büchern studiert werden. Ein Bergsteiger will wissen, wo seine Ziele liegen und wie die Berge dort entstanden und aufgebaut sind.
Nicht nur, um die Allgemeinbildung zu fördern, empfehle ich das Studium der Geologie und Geographie des jeweiligen Berggebietes; es ist die Voraussetzung, um unsere Bergtouren wählen zu können, um unseren Blick zu schärfen für den Aufbau der Berge.

Wer erstmals in einem Berggebiet ist, lernt es zunächst kennen, bevor er dort schwierige Touren unternimmt. Lage und Aufbau geben ihm Aufschluß über das Wetter, die Brüchigkeit des Gesteins, Steinschlag, ideale Routen.

Gesteinsproben der wichtigsten Kletterfelsen:

Granit, frisch und unzersetzt

Konglomerat

Angulaten-Sandstein, eisenschüssig

Dolomit mit sandig-körnigem Aussehen

Gipsstein

Glimmerschiefer

Felsformationen

Das Erfassen der Felsformationen ist nicht nur für das Klettern wichtig. Es sagt vor allem einiges aus über Fluchtmöglichkeiten in der Wand, über eventuelle Höhlen, über Gefahr von Sturzbächen bei Regen, über Steinschlag und ideale Abstiegswege.

Heute noch kann ich eine Felswand tagelang anschauen, bevor ich eine Erstbegehung mache. Auch wenn sie leicht ist. Den Aufbau eines Berges begreifen, seine Struktur kennen, sich ein Bild von ihr machen, gehört zum Wesentlichen bei der Vorbereitung einer Klettertour.

Wie man klettert, ob mit Zug-, Stütz-, Unter- oder Zangengriff, richtet sich nach den Möglichkeiten, die der Fels bietet. Die Schuhspitze soll die Tritte voll ausnützen und nach innen belasten.

——Die Nacht begann bereits ihre Fittiche auf die umliegenden Zacken und Grate zu lagern, als Emil Zsigmondy, Professor Dr. K. Schulz aus Leipzig und Ludwig Purtscheller aus Salzburg am 16. Juli 1884 hoch oben in den Westwänden der Dreischusterspitze abwärts kletterten. Sie hatten sich gerade über eine Wandstufe herabgelassen, welche das Ende eines durchkletterten Couloirs bildete, und begannen die weniger steilen darunter befindlichen Felspartien hinabzusteigen, als plötzlich über ihnen ein Geräusch laut wurde. Ihm folgte lautes Pfeifen und dann das heftige Aufschlagen von Steinen in ihrer nächsten Nähe; wo, konnten sie wegen der Dunkelheit nicht wahrnehmen. Dieses Ereignis veranlaßte sie sofort, den Abstieg abzubrechen und unter einer senkrechten Wandpartie Schutz vor den unheimlichen Geschossen zu suchen. Während der Nacht, welche außerordentlich stürmisch war, kamen wiederholt Felstrümmer von oben herab. Wahrscheinlich war hier der Steinschlag durch die eintretende Kälte auf die nachgenannte Art verursacht worden, wenigstens hörte der Steinfall gegen Morgen auf, obschon der Sturm ungemindert fortwütete.
Die Tatsache, daß auch selbst bisweilen nach Sonnenuntergang bei windstillem Wetter oft eine Zeitlang Steinfall niedergeht, wird wenig gewürdigt. Wenn im Frühsommer oder nach Neuschneefällen usw. tagsüber Schmelzwasser in die Gesteinsrisse eindringt, wird abends und nachts, je nach der Stärke der Gesteinserwärmung, früher oder später dies Wasser frieren, und der Eiskitt wird oft der Schwerkraft gegenüber nicht genug Widerstand entgegenzubringen vermögen, wenn die Gesteinsstücke durch den Spaltfrost gegen den Abgrund geschoben und aus dem labilen Gleichgewicht gebracht werden.
Manche Dolomitenspitzen waren darum sehr gefürchtet, weil ihre Ersteigung vor Auffindung steinsicherer Wege durch eine Rinne erfolgte, in welcher erfahrungsgemäß Steinfälle sehr häufig sind. Zu diesen gehört der Zwölferkofel (bei Sexten). Die stark geneigte Eisschlucht, welche hier zu durchsteigen war, erfordert 1 1/2 bis 2 Stunden und hatte, als Emil, Otto Zsigmondy und Purtscheller am 24. Juli 1882 sie passierten, ganz deutlich jene verhängnisvolle sekundäre Eisrinne ausgeprägt, welche bei häufigem Steinfalle zustande kommt. Es war nebliges, ziemlich windstilles Wetter. Während des Aufstiegs hüteten sie sich, längere Zeit in der genannten sekundären Rinne zu verweilen und waren vom Steinfalle nicht belästigt. Als sie aber beim Abstieg eben bei einer Stelle ankamen, wo der Schnee trichterförmig ausgeschmolzen war, und der Abstieg über eine schmale Eiskante auf der linken Seite erfolgen mußte, vernahmen sie jenes charakteristische Sausen, das schnell durch die

»Fallen der Gesteinslagen; links: vom Berg weg; rechts: gegen den Berg.«

»Bildung von Steilstufen und Terrassen (Typus Watzmann), dickbankige Kalke.«

»Bildung von Bändern und Steilstufen, Zerteilung in Türme (Typus Crozzon usw.), regelmäßig geschichtete Dolomite.«

Schneerinnen, wie hier am Santnerpaß im Rosengarten, sind gefährlich.

Luft fliegende Körper veranlassen, und mit donnerartigem Schalle schlug ein topfgroßes Felsstück auf die rechten Begrenzungswände auf*. Emil war am Seile bereits über die schwierige Stelle hinab und konnte sich durch Bücken unter das überhängende Eis decken. Schlimmer wäre es den beiden Gefährten gegangen, die ungedeckt in der Rinne oben standen, wenn der Stein auf sie zugekommen wäre. Es hätte ihnen bloß ein Beiseitespringen etwas helfen können. Bei der Zwölferrinne sind die Wände beiderseitig ziemlich senkrecht, bestehen aus festem Gestein, und oben, wo die Rinne auf den Grat ausmündet, befindet sich zur Linken ein schwach geneigtes breites Band, welches mit losen Trümmern mannigfacher Größe bedeckt ist. Eine zufällige Veranlassung, wahrscheinlich der Regen, welcher eingetreten war, mochte hinreichen, um die losen Steine hinab zu befördern. Es versteht sich von selbst, daß die Partie sich beeilte, aus der gefährlichen Schlucht herauszukommen. In vielen Fällen sind an Bergen, die als steingefährlich verrufen waren, steinschlagsichere Wege (speziell über Grate und Wände) gesucht und gefunden wurden; so zum Beispiel am Zwölfer über die Südwestwand usw.

(Aus: »Die Gefahren der Alpen« von Zsigmondy/Paulcke, 1911)

* Von oben kommende Steine machen in Schneerinnen, solang sie weit entfernt sind, kein Geräusch, so daß man sich beim Abstiege ständig umsehen muß, ob man nicht im Rücken von einem solchen Geschoß bedroht wird.

Eignung und Ratschläge

Sportliche Voraussetzungen für das Klettern sind ein gutes Gleichgewichtsgefühl, Gelenkigkeit und Kraft. Diese drei Komponenten können durch Training verbessert werden.
Beim leichten Klettern liegt der Körperschwerpunkt senkrecht über den Fußspitzen. Die Beine sind in leichter Spreizstellung, wobei das Knie nicht voll durchgestreckt wird. Auch für die Arme ist eine mittlere Beugestellung ideal. Griffe möglichst in Augenhöhe wählen. Anfänger machen oft den Fehler, daß sie mit dem Oberkörper ängstlich am Fels kleben. Dies erschwert eine optimale Belastung von Griffen und Tritten sowie das Schauen.

Sichernde Seilschaften an der Südwand der Großen Fermeda (links) und an der Grohmannspitze (oben).

Kinder lernen das Felsklettern am schnellsten. Auch zeigen sie dafür meist mehr Begeisterung als fürs Wandern. Diesem kindlichen Drang zum Klettern sollten die Eltern nachgeben und bei gemeinsamen Übungen oder Touren äußerst vorsichtig sichern.

Begehen von Klettersteigen

Klettersteige sind Felsrouten, die durch Drahtseile, Leitern und Eisenstifte entschärft wurden und eine Fülle von Sicherungsmöglichkeiten bieten.
Klettersteige stellen höhere Anforderungen als das Wandern im Hochgebirge. Da sie oft ausgesetzt und steil sind, muß der Benützer schwindelfrei und trittsicher sein, die Grundkenntnisse im Felsklettern sowie die speziellen Selbstsicherungsmethoden beherrschen.
Bewegungsablauf und Sicherung müssen so erfolgen, daß auch beim Karabinerwechsel von einem Fixpunkt zum nächsten jeweils eine der beiden Sicherungsschlingen eingehängt bleibt.
Gefahren auf Klettersteigen werden von anderen Begehern sowie von Wetterstürzen verursacht. Auf Drahtseile, Leitern und Stifte darf man sich nicht blind verlassen. Im regennassen Gelände sind viele Steiganlagen rutschig. Blitz- und Steinschlag kommen auf Klettersteigen häufiger vor als anderswo.

△ Menschenschlange am Klettersteig des Kesselkogel im Rosengarten.

Heute sind viele Klettersteige so überlaufen, daß der Genuß des Begehens schwindet. Durch Überlastung nimmt die Steinschlaggefahr zu, ein häufiges Stocken der Kolonne führt zu Aggressionen. Wer beim Klettern oder am Klettersteig nicht seinem Rhythmus folgen kann, sucht sich besser ein Ausweichziel.

Das Felsklettern ist weltweit zu einem Modesport geworden. Klettern ist also »in«. Ob in der Sahara, in Japan, in den USA, in Korea oder Südafrika – die Möglichkeiten zum Felsklettern bleiben ungezählt.
Das Felsklettern ist die Grundvoraussetzung für das klassische Bergsteigen, und wer gelernt hat, auf nassem Fels und Schnee weiterzukommen, wer sich auch in großen Bergflanken orientieren kann, verfällt ihm oft wie einer Sucht. Er wird gepackt von einer Art Kletterfieber.

Klettern heißt etwas ganz tun. Es von Grund auf lernen und sich vollkommen darin zu vertiefen. Wenn sich trotzdem viele Bergsteiger heute als Aussteiger verstehen, so sehe ich darin einen Widerspruch. Klettern heißt einsteigen, in die Wand und in dieses faszinierende Abenteuer, mit dem ganzen Wesen einsteigen.

◁ **Blick vom Mawenzi auf den Kilimandscharo – zwei hohe Kletterziele in Ostafrika.**

In den Wintermonaten, wenn bei uns Schnee liegt, sind die Felstürme im Hoggargebirge trocken und einladend.

Leichte Felskletterei im Himalaya. Häufig führen die Zustiege zu den Steilflanken über brüchige Schrofen.

Noch etwas ist für den Felskletterer, der meist ja nicht allein unterwegs ist, wichtig: das Verständnis für den Partner. Was für den einen leicht ist, kann für einen anderen die Grenze seiner Leistungsfähigkeit sein. Auch die eigenen Fähigkeiten sind variabel. Die eigene Grenze immer wieder neu abzustecken und sich mit dem Kletterpartner im Rahmen des kleinsten gemeinsamen Vielfachen an Kraft und Können zu bewegen, erhöht Sicherheit und Spaß.

Das Seil ist oft als Symbol der Bergkameradschaft beschrieben worden. Ich möchte jedoch warnen, vorgegebene Klischees blind als Wahrheiten zu sehen. Es gehört auch zur Bergerfahrung, einen Seilpartner abzutasten. Eine Seilschaft kann eine Zweckgemeinschaft oder ein Freundespaar sein. Nur sollte man wissen, mit wem man sich einläßt.

Schwerer Fels

Das Klettern im steilen, schwierigen Fels ist die Fortsetzung des leichten Kletterns. Hier beschränke ich mich auf Routen und Techniken, die ohne professionelles Training geklettert werden können.

Die Lust an der Bewegung ist eine wesentliche Motivation für diese Art des Bergsteigens. Die Lust am Körper kommt dazu. Das Kraftgefühl beim Steigen, das Erfolgserlebnis, die Spannung zwischen Einstieg und Gipfel machen das Abenteuer an einer steilen Felswand aus. Neben dem romantischen Erlebnis spürt der Kletterer im Fels oft ein verstärktes Körpererlebnis. Ja, häufig wird die Entfremdung des Körpers ganz aufgehoben.

In der Schlüsselstelle des Geschweiften Kamins am Sass da Ciampác in der Puez-Cir-Gruppe, Dolomiten. Es ist das Wegsuchen, die Abwechslung zwischen leichten und schweren Stellen, das Eingespanntsein zwischen Einstieg und Gipfel, was das klassische Bergsteigen ausmacht.

Gewandtheit, Beweglichkeit, Gleichgewichtsgefühl steigern den Klettergenuß. Training tut gut. Körperkoordination kann mittels gezielter Übungen verbessert werden. Oft genügen einige Minuten Training täglich, um die Rückbildung dieser Fähigkeiten zu verhindern. (Teilnahme an Turngruppen oder Sportspielen während der Wintermonate.) Viele Leute meinen, Bergsteigen, auch Klettern, könne jeder. Das Felsklettern kann man nur dann wirklich genießen, wenn alle dafür notwendigen Körperfunktionen entsprechend geschult sind.

Übung in einem nach oben sich erweiternden Kamin in den Dolomiten. Übergang aus der Stemmhaltung in die Spreizstellung.

Die Techniken des Freikletterns

Im Gegensatz zum technischen Klettern (Steigen mit technischen Hilfen wie Haken, Schlingen) verstehen wir unter der

Technik des Freikletterns das Können, frei (an vorhandenen Griffen und Tritten, Kaminen, Rissen) an den Felswänden emporzusteigen.
Auch im schwierigen Fels gilt der Grundsatz, daß wir mit den Beinen steigen. Der gute Kletterer ist bemüht, sich mit den Beinen aufwärts zu stemmen, zu heben, zu schieben, je nachdem, ob er in einem Kamin, in einem Riß, an der freien Wand oder an Platten klettert. Lernen kann man diese Klettertechniken ausschließlich in der Praxis. Ein Training im Winter daheim ist förderlich.

Dieser Stemm- und Spreizkamin eignet sich besonders zum Üben des Kaminkletterns. Er liegt zwischen dem Torre Inglese und dem Torre Grande in den Cinque Torri bei Cortina. Nach sechs Metern wird es so breit, daß man an die linke Wand wechselt und über feine Risse weiterklettert.

Das Krafttraining spielt vor allem für das schwierige Felsklettern eine Rolle, weil dabei dynamische Belastungsformen mit statischen abwechseln. Die Muskelkraft in Armen, Fingern, Beinen und im Schulterbereich soll optimal sein.
Kraftübungen für den Oberkörper sind im Klettergarten ein Spaß für sich. Das gilt auch für Übungen, bei denen es auf Gleichgewicht und Geschicklichkeit ankommt. Zur Stärkung der Oberarm- und Schultermuskulatur führt das freie Emporhangeln an Seilen.
Liegestütze in verschiedenen Variationen bringen Erfolg. Die Oberschenkel-, Fuß- und Unterschenkelmuskulatur wird durch Kniebeugen (Vorsicht bei Knieverletzungen!), Bergläufe, Radfahren, Stehen auf schmalen Leisten und Laufen im weglosen Gelände trainiert.

Sicherung und Sicherheit

Wie oft schon habe ich betont, daß die eigene Sicherheit, die Folge von Können, Erfahrung, Ausdauer, Kraft, Instinkt, wichtiger ist als die Sicherung. Diese soll nur für den äußersten Notfall vorsorglich beherrscht und peinlichst bedient werden.

Ich halte wenig davon, das Bergsteigen zu reglementieren. Auch Sicherheitsnormen, DIN-Normen und Vorschriften helfen wenig, wenn das Know-how fehlt. Das Sicherheitsbewußtsein und die individuelle Erfahrung des einzelnen Bergsteigers müssen gefordert werden, wenn wir die jährliche Zahl der Unfälle reduzieren wollen. Ein erfahrener Bergsteiger braucht keine Normen, er weiß, welche Ausrüstungsgegenstände wo, wie, wann für ihn die besten sind. Er läßt sich nicht durch Werbung oder Trends betören, er weiß, was er will und was er kann.

Die Schwierigkeitsgrade (UIAA-Skala) können nur an Routen erfahren werden; das Maß für III oder V soll uns helfen, die richtigen Touren für unser Können zu wählen. Seil, Klemmkeile, Friends, Haken haben nur den Sicherungswert für uns, den unsere Erfahrung vorgibt. Alle Materialtests, alle Sicherungsketten bleiben Theorie, wenn man nicht weiß, wie man einen sicheren Haken schlägt, wie man Klemmkeile und Friends legt, so daß sie nicht herausgeschleudert werden können.

Mit dem allseits verbreiteten Sicherungswahn, dem angeblich wissenschaftlich exakten Wissen um die Sicherheit am Berg, ist in der Tat ein Verlust an Sicherheit eingetreten. Wenn nur Theorie die Basis eines Bergsteigers ausmacht, lebt er gefährlich. Die Praxis entscheidet!

Eine Zweierseilschaft, abwechselnd sichernd und kletternd, im Dibona-Riß an der Nordwand des Torre Grande in den Cinque Torri, Dolomiten.

Einfache Kameradenrettung.

Behelfsmäßige Bergrettung

Beim Stichwort Bergrettung denkt man in erster Linie an den Bergrettungsdienst, an die verdienstvolle Tätigkeit der Männer der Bergwacht, die ihr Können und ihre Fähigkeiten einsetzen, um Bergsteigern in Notsituationen zu helfen. Obwohl ich selbst Mitglied des Bergrettungsdienstes bin, will ich nicht näher auf dessen Struktur eingehen. Die Frage ist, was der einzelne Bergsteiger tun kann, wenn er in eine Notlage gerät.
Ein Unfall – auch ohne Selbstverschulden – kann passieren. In diesem Fall ist man meist auf sich oder den Kameraden angewiesen. Aus diesem Grund kommt der Selbst- oder Kameradenhilfe, auch behelfsmäßige Bergrettung genannt, große Bedeutung zu. Jeder sollte in den Grundzügen wissen, wie er sich in solchen Lagen zu verhalten hat.

- ☐ Ruhe bewahren, auch wenn es schwerfällt.
- ☐ Die Unfallsituation richtig einschätzen.
- ☐ Der Verunglückte wird gesichert und untersucht, um Erste-Hilfe-Maßnahmen treffen zu können. Ist er verletzt, muß er richtig gelagert werden. Wunden werden behelfsmäßig versorgt.
- ☐ Falls nötig, muß eine Rettungsmannschaft alarmiert werden (Alpines Notsignal). Bei sehr schweren Unfällen kann man dem Verunglückten oft nicht selbst helfen.
- ☐ Ein wichtiger Grundsatz ist, daß man den Verletzten nicht allein läßt (es gibt Ausnahmefälle).
- ☐ Kann einer dem anderen helfen, so bemüht er sich, ihn abzuseilen, aus der Wand zu sichern oder selbst hinunterzutragen.
- ☐ Da jeder mit einem Unfall rechnen muß, darf auch bei kurzen und leichten Touren die Rucksack-Apotheke nicht fehlen (siehe Medizin Seite 32).

Die Rettung eines verletzten Kameraden (Beinbruch, Schock) aus einer Felswand setzt sehr viel Erfahrung voraus. Im Klettergarten übt man hin und wieder das Abseilen mit dem Schwerverletzten (Rettungssitz usw.), um in Notsituationen effektiv handeln zu können.

Dietmar Oswald bei der Durchsteigung der Ostwand des Zahnkofels in der Langkofel-Gruppe.

Elegante Plattenkletterei an der Neunerspitze. ▷

▽ Abseilen am Mount Kenya.

Eleganz und Sicherheit

Wer sich nicht zu viel zumutet, wer unter seiner Leistungsgrenze bleibt, steigt elegant. Elegant klettern heißt die Bewegungen ruhig, gleichmäßig und bedacht ausführen. Eleganz ist beim Felsklettern ein sichtbarer Beweis für Sicherheit. Fahrige, eckige Bewegungen gehören nicht zu einem guten Kletterstil.

Weder Schnelligkeit noch irgendwelche Gebärden sind der Beweis für Können im Fels. Sicherheit und Eleganz in den Bewegungen sind es. Wer sicher, elegant und schnell klettert, erfüllt die Voraussetzungen, längere Touren zu gehen. Eine Felstour ist oft 1000 und mehr Meter lang. Nur wer vom Anfang (Einstieg) bis zum Ende (Rückkehr ins Tal) konzentriert und sicher bleibt, kann sie verantworten.

Verschneiter schwieriger Quergang am Mount Kenya, Ostafrika.

Allgemeine und weltweit anerkannte Regeln hat es beim Bergsteigen nie gegeben; die kann sich jeder für sich aufstellen. Nur uns selbst, der Natur und jenen gegenüber, die mit oder neben uns auf die Berge steigen, sind wir verantwortlich.
Die Felskletterer fühlen sich anderen Alpinisten gegenüber oft überlegen. Es ist wahr, daß mit der Sportkletterbewegung eine »saubere« Einstellung zurückgewonnen wurde. Heute wird weniger genagelt als vor zehn oder zwanzig Jahren. Dies ist jedoch kein Grund, dem Felsklettern eine höherwertige Rolle als anderen Spielformen des Bergsteigens zu geben.

Im steilen Fels

An alle meine schwierigen Felstouren kann ich mich erinnern. An die Dülfer-Route an der Großen Zinne ebenso wie an meine Klettertage am Mount Kenya in Ostafrika. Villeicht ist mir der eine oder andere Name entfallen, die aufregenden Momente, die Spannung sind geblieben. Oft fügt sich ein Bergerlebnis in der Erzählung aus vielen kleinen Begebenheiten zu einem Mosaik zusammen, zu einem einmaligen Abenteuer im Fels.

Die großen klassischen Felstouren haben sich seit 100 Jahren kaum verändert. Allerdings ist unsere Ausrüstung besser geworden, und wir gewinnen aus den Erfahrungen der Pioniere. Links und oben: Comici im Dülfer-Kamin. Rechts oben: Die Pichlwarte.

——»Es war an der Langkofel-Nordkante. Eigentlich ist die Pichl-Führe, 1918 erstbegangen, gar keine Kante, sie ist eine Wand, die von unten nach oben steiler und schwieriger wird. Ich kannte den Weg von einigen Begehungen her, mochte ihn und genoß vor allem dieses lange, gleichmäßige Steigen. Einmal bin ich sogar in etwas mehr als einer Stunde über diese Nordwandkante geturnt.
Nun, Ende September, begann es plötzlich zu schneien. Wir waren zu zweit und schon hoch über der Pichlwarte, und das Abseilen hätte viel länger gedauert als das Überschreiten des Berges. Ohne zu rasten oder zu zögern, stiegen wir durch verschneite Kamine und Rinnen bis zum Gipfel. Der Abstieg im Schneetreiben ging langsam, trotzdem erreichten wir noch vor Dunkelheit die Langkofelscharte, vier Stunden später als geplant, aber nicht zu spät.«

Heil hinauf und heil wieder herunter kommen, die Übersicht bewahren, die Augen offenhalten vom Einstieg bis zum letzten Abseilen, Kräfte und Zeit richtig einteilen, sauber sichern – das alles ist im Fels ebenso wichtig wie das Kletterkönnen.

Eisgehen

Früher, als es noch keine zehn- oder zwölfzackigen Steigeisen gab, schlug der Führende 1000 und mehr Stufen in eine Eiswand. Heute gibt es moderne Eisklettergeräte, die es erlauben, auch senkrechtes Eis ohne Stufen, ohne eine Serie von Fortbewegungsschrauben zu klettern. Trotzdem verlangt das Eisgehen viel Kondition.
Den oder die Eispickel je nach Hangneigung als Spazierstock, als Stütz- oder Zuggerät einsetzend, die Steigeisen fest auf die Schuhsohlen geschnallt, steigt der Eisgeher aufwärts.
Der Ablauf einer Seilschaft (einer klettert, einer sichert) gilt im Eis ebenso wie im Fels. Die Forderung nach Selbstsicherung (zwei feste Punkte) und dynamischer Kameradensicherung gilt sogar verstärkt. Im Eis ist ein Aufschlagen meist nicht so wahrscheinlich wie im Fels, die Festigkeit der Ankerpunkte geringer, also kann dynamischer gesichert werden als im Fels. Empfehlenswert sind Eisschrauben in Rohrform und alle Snarghaken in Rohrform. Länger als 30 Zentimeter sollen Eisschrauben nicht sein. Als Bergstiefel haben sich fürs Eis Plastikschuhe durchgesetzt.

Zwei Seilschaften an der Nordflanke der Suldenspitze, Ortler-Gruppe.

Persönlich empfehle ich, mit dem Felsklettern zu beginnen. Das Eisklettern erfordert vielleicht weniger Kraft, weniger Geschicklichkeit, aber mehr Erfahrung und Ausdauer. Der Fels bleibt im wesentlichen gleich, auch wenn er ab und zu naß oder sogar vereist sein kann. Das Eis, der Schnee sind eine lebendige Masse. Die Verhältnisse ändern sich von Tag zu Tag. Das Eisgehen beginnt in einer Höhe, in der viele Felstouren aufhören.

Das lebendige Element Eis setzt eine Summe von Erfahrungen voraus.

Taktik und Technik

Der Eisgeher bewegt sich gleichmäßig und langsam. Je besser die Krafteinteilung von Anfang an ist, je größer die Kenntnisse über Länge, Charaker und momentane Verhältnisse der Tour sind, um so besser können Taktik (nicht über- oder unterausgerüstet aufbrechen!) und Erfolg bemessen werden. Der letzte Schritt hängt vom ersten ab; der erste soll vom letzten abhängen.

Der Eisgeher steigt mit den Beinen. Die eingesetzten Geräte (Eispickel, Eisbeil in den Händen) dienen in erster Linie zur Erhaltung des Gleichgewichts. Die Schritthöhe ist abhängig von der Figur des Bergsteigers und der Steilheit der Wand. Nicht zu große Schritte machen (außer beim Rasten). Die Füße (Steigeisen) werden hüftbreit eingesetzt (nicht verfangen!). Die Ferse hängt leicht durch, so daß die Steigeisen gut greifen und die Schuhkappe nicht zum Hebelpunkt wird (aushebeln).
Bei der Frontalzackentechnik benützt man am besten zwei Geräte (zwei Pickel; einen Eishammer und einen Pickel; einen Pickel und einen Eisfiffi). Wichtig ist, daß der Körperschwerpunkt genau über der Standfläche liegt.
Wenn es steil ist, geht man beim Abstieg mit dem Gesicht zum Hang. Wenn es die Hangneigung erlaubt, dreht man sich um und steigt mit leicht angewinkelten Knien, das gesamte Eisen schräg nach außen aufsetzend, leicht gegrätscht ab.

Die Eisklettertechnik hat sich in den letzten zehn Jahren revolutionär verändert. Mit den modernen Geräten ist es möglich, auch senkrechtes Eis frei zu klettern.

Das Sichern im Firn verlangt Fingerspitzengefühl. Ausnahmsweise kann der Zweite am Pickel nachgesichert werden.

Die Sicherung ist für einen Notfall da. Im Eis bedeutet oft auch Schnelligkeit erhöhte Sicherheit. Sicherungstechnik und Schnelligkeit müssen ohne Schlamperei kombiniert werden. Wann man ausgeseilt, gleichzeitig am Seil oder sichernd steigt, weiß man erst nach Jahren der Erfahrung. Wer sie nicht hat, darf entsprechende Touren nicht ohne Bergführer machen. Bergführer sichern oft »regelwidrig«, ohne dabei ein Risiko einzugehen. Die Art ihrer Arbeit und ihre Erfahrung verlangen und erlauben dies. Laien dürfen sie allerdings nicht kopieren.

Tips für den Eisgeher:

- ☐ Die Ausrüstung soll auf das Notwendige reduziert werden, ohne daß etwas fehlt. Weniger Gewicht hilft Zeit sparen. Ein fehlender Biwaksack kann allerdings ein Todesrisiko sein.
- ☐ Wettervorhersage und Wetterbeobachtung müssen jeder Eistour vorausgehen. Liegt die 0-Grad-Grenze höher als der Gipfel, sind viele Eistouren gefährlich.
- ☐ Nicht die wissenschaftlich exakte Routenbeschreibung ist wichtig, sondern die Beobachtung der Wand von unten. Zustieg am Tag vorher erkunden.
- ☐ Beim Zustieg (meist über Gletscher, oft nachts) kann es ernste Gefahren (Spalten) geben. Anseilen!
- ☐ Ein langes Seil bringt im Eis Zeitersparnis und kann beim Abstieg (doppelt genommen) zum Abseilen verwendet werden.
- ☐ Steigeisen mit Bindung sind ideal. Sie müssen genau passen und leicht zu bedienen sein.
- ☐ Die Eisgeräte werden den Schwierigkeiten entsprechend gewählt. Auswechselbare Hauen haben Vorteile.
- ☐ Fixpunkte sollen leicht anzubringen und schnell zu entfernen sein (Rohreisspiralen mit Feingewinde sind am besten).
- ☐ Der Seilzweite kann am Fixseil (Klemme) nachsteigen. Bei guter Kondition bringt abwechselnde Führung somit Zeitersparnis.
- ☐ Im Eis ist die Kombination von Faserpelz- und Gore-Tex-Bekleidung günstig.
- ☐ Um Kraft zu sparen, wechselt man je nach Steilheit mit der Steigeisen- und Pickeltechnik ab.

Nicht der Erwerb teurer Ausrüstung garantiert bei großen Eistouren Erfolg und Sicherheit, sondern instinktives Beherrschen der Steig- und Sicherungstechnik sowie eine gut durchdachte Taktik.

In reinen Firnflächen ohne Stein- und Eisschlaggefahr ist der Steinschlaghelm nicht unbedingt notwendig.

- ☐ Am Standplatz empfehle ich zwei feste Ankerpunkte; ein Rammpickel hält meist zu wenig.
  Die Halbmastwurfsicherung wird im Notfall besonders dynamisch bedient.
  Das Kräftedreieck (die Schrauben sollen versetzt und einen Meter voneinander entfernt angebracht werden) soll gleichmäßig und ohne Ruckrisiko belastet werden.
- ☐ Der Seilerste steigt leicht schräg aufwärts, weg von der Fallinie des Sichernden (Eisschlag!).
- ☐ Die Seillänge wird nie ganz ausgegangen (Seilreserve für dynamische Sicherung). Am Stand wird zuerst eine Stufe geschlagen, dann eine Schraube gesetzt. Als nächstes wird die Standstufe vergrößert und der zweite Fixpunkt angebracht.
- ☐ Beim Abstieg gibt es mehrere Methoden: Abseilen beider und Abdrehen der Schraube von unten. Einer seilt ab, der Stärkere klettert ab.
- ☐ Beim Übergang aus der Wand in das flache Gletschergelände Randspalten beachten!

Unter den gefährlichen Séracs an der Westwand des Ama Dablam.

Auch Rückzug und Abstieg sollen mit voller Konzentration und vorsichtig durchgeführt werden. Eine Bergtour ist erst im Tal wieder zu Ende.

Ein Unglück im Mont-Blanc-Gebiet – der ehemalige Dadaist J.T. Baargeld (= Dr. Gruenwald) kam dabei ums Leben – zeigt deutlich, daß der Spielraum zwischen Erfolg und Tod bei Eistouren schmal ist:

»Bickhoff und sein Freund Dr. Gruenwald aus Köln, beide erfahrene und tüchtige Bergsteiger, die seit Jahren gewohnt und befähigt waren, führerlos zu gehen, hatten eine Reihe Hochtouren im Mont-Blanc-Gebiet erfolgreich ausgeführt und rüsteten zur Heimfahrt, denn der Urlaub ging zu Ende. Vom 16. auf 17. August hatten sie auf der Tête-Rous-

Mittels Hubschrauber können heute viele aus Bergnot gerettet werden.

se-Hütte übernachtet, ohne noch große Pläne zu machen. Erst als am 17. prächtiges Wetter in Aussicht stand, entschloß man sich ziemlich spät zu einer letzten – leider allerletzten – Fahrt und brach erst um 8 Uhr von der Hütte auf. Es galt der Aiguille de Bionnassey, deren Gipfel mittags in herrlichem Sonnenschein erreicht wurde. Man war schon auf dem Abstiege, als um drei Uhr ein fürchterliches Unwetter einsetzte. Dabei hat Bickhoff eine Lawine losgetreten und ist mit ihr, den Freund Gruenwald mit sich ziehend, et-

In der Nordwand des Siebentausenders Chamlang im Himalaya. Bei der Erstbegehung bildeten Lawinenschnee und schlechte Sicherungsmöglichkeiten die Hauptprobleme.

Als Seilerster in der Randkluft an der Marmolada-Nordwand. Seilzweiter am Mont Blanc du Tacul.

wa 400 Meter hinuntergeglitten. Mit gebrochenem Unterschenkel blieb er liegen und ist offenbar in der Lawine erstickt, während es Gruenwald gelang, sich frei zu machen. Den verletzten, erstarrten Händen gelang es nicht, das Seil loszuknüpfen. Mit viel Mühe scheint er sich aus der Schlinge herausgezwängt zu haben und ist, da er seinem Freunde keine Hilfe mehr bringen konnte, über 400 Meter zum vereisten Grat hinaufgestiegen, um jenseits hinab zur Ausgangshütte zu gelangen. Bei dem schrecklichen Unwetter hat er sich offenbar verirrt, hat sich erschöpft niedergelegt und ist erfroren. Ihn zu finden und hinabzubringen, gelang der ersten Rettungsexpedition, während es bei den denkbar schlechten Witterungsverhältnissen erst nach Tagen einer dritten Expedition möglich war, Bickhoff zu finden.«

(Aus: »Mitteilungen des Deutschen und Österreichischen Alpenvereins«, Nr. 19, 15. 10. 1927).

Wetter und Zeiteinteilung

Der Eisgeher bricht früh auf. In den Nacht- und ersten Morgenstunden sind die Eis- und Schneehänge sicherer. Für den Abstieg oder die Umkehr im Falle eines Wettersturzes muß genügend Zeit eingeplant werden. Ein Biwak im Eis ist hart und oft auch gefährlich.
Das Wetter hängt vor allem in der Eisregion von folgenden Faktoren ab:

- ☐ Lufttemperatur (Sonneneinstrahlung), Luftdruck (Hoch- und Tiefdruck), Erdrotation und Luftfeuchtigkeit.

Charakteristische Wetterlagen im Alpenraum und ihre Folgen:

- ☐ Das wandernde Tief vom Atlantik bringt starken West-Nordwestwind mit feuchter Meeresluft. Damit sind starke Niederschläge und große Schneeverfrachtungen verbunden, die den Schnee von den West- in die Osthänge transportieren. Infolge dieser Ablagerung sind Osthänge wesentlich schneebrettgefährdeter als Westhänge.
- ☐ Ein langanhaltendes Festlandhoch im Osten bringt im Winter schönes Wetter und tiefe Temperaturen mit sich. Große Kälte verursacht starke Reifbildung, besonders an den Nordhängen. Reifschichten werden zu labilen Zwischenschichten in der Schneedecke, es entsteht erhöhte Schneebrettgefahr.
- ☐ Föhnwetter erhöht an der Alpennordseite die Lawinengefahr (starke Erwärmung des Schnees).
- ☐ An der Alpensüdseite verursachen starke Schneefälle (bei Föhn im Norden) häufig Lockerschneelawinen.
- ☐ Zyklone über Norditalien bringen im Frühjahr starke Schneefälle mit sich.

Die Technik des Eisgehens ist rascher gelernt als das Erkennen der Gefahren in der Gletscherregion. Jedes Gebiet hat sein eigenes charakteristisches Wetter. Auch Lawinen und Stürme sind gebietstypisch. Ein verantwortungsvoller Bergsteiger beobachtet ein ihm unbekanntes Gebiet zuerst. Er informiert sich bei den eingesessenen Bergführern und macht Eingehtouren.

Lawinen und Stürme

Lawinenkunde ist ein komplexes Fachgebiet. Unter Anleitung Erfahrung sammeln ist das erste Gebot; darüber hinaus empfehle ich eine ständige Weiterbildung auch in der Theorie.
Neben Séracabbrüchen muß der Eisgeher mit Lockerschnee-, Festschnee- und Staublawinen rechnen. Alle denkbaren Lawinenstriche sind zu meiden.
Lockerschneelawinen gehen von einem Punkt aus und werden breiter. Gefahr, wenn mehr als 40 Zentimeter Neuschnee gefallen sind! Schneebretter reißen auch in großer Breite (scharfe Linie!) ab. Unmittelbar nach dem Abriß – eine Festschneeschicht rutscht ab – ist der ganze Hang in Bewegung. Ein Entkommen ist meist unmöglich. Schneebretter gehen vorwiegend in flacheren Hängen (28 bis 40 Grad Neigung) los. Wenn im Frühjahr hohe Temperaturen die Schneedecke aufgeweicht haben, kommt es zu Naßschneelawinen.

Der Wind ist als Sturm eine große Gefahr in sich selbst, vor allem aber ist er der Baumeister von Lawinen. Er lagert den Schnee von der Wind- auf die Windschattenseite um. Dort setzt er sich und rutscht bei Belastung davon.

Hauptursachen für die Lawinenbildung sind sehr starke Neuschneefälle, große Erwärmung der Schneedecke und heftiger Wind über mehrere Tage. Viele Lawinenunfälle werden auch von den Bergsteigern selbst ausgelöst. Die Gefahr beurteilen und kein Risiko eingehen, heißt das Gebot.

Eiskletterei knapp unter der Schaumrolle am Ausstieg aus der Nordwand der Königspitze, Ortler-Gruppe.

Klassische Wände

Keine andere Form des Bergsteigens entspricht mehr dem Bedürfnis des Menschen nach Erlebnis als das Begehen klassischer Routen. Die Erfahrungsmöglichkeiten, die sich dem Bergsteiger an großen Graten und Wänden eröffnen, gehen weit über jedes sportliche Abenteuer hinaus. Sie reichen von der Angst am Morgen vor dem Aufbruch bis zum visionären Sehen beim schwierigen Felsklettern. Gerade dieses Bergsteigen wird im Rahmen der aktiven Freizeitgestaltung einen zunehmend höheren Stellenwert einnehmen.

Immer mehr Menschen werden in den Bergen zu den Ursprüngen finden wollen, zum Allroundbergsteigen, zur Begegnung Mensch–Berg.

Der Alpinismus hat sich in den letzten Jahrzehnten entscheidend verändert. Das Bergsteigen ist in eine Serie von Sportdisziplinen zerfallen, die planmäßig erlernt werden. Ein breites theoretisches Grundwissen und methodisches Training bestimmter Bewegungsabläufe hat zu einem Spezialistentum geführt. Das klassische Bergsteigen ist mehr. Es ist die Selbstbewährung des Menschen in der Natur. Ich kann hier zwar einen Teil der alpinen Grundkenntnisse vermitteln, auch praktische Tips für richtiges Verhalten weitergeben; wesentlich für den klassischen Bergsteiger sind jedoch Neugierde und der Mut zur Tat. Wandern im Hochgebirge, Felsklettern, Eisgehen und Skibergsteigen, das alles ist für den klassischen Alpinisten Voraussetzung. Für die Durchführung seiner Bergtouren sind Kenntnisse über die Hochgebirgsnatur, Tourenplanung, die Wahl der Ausrüstung, das Verhalten in tausend verschiedenen Situationen wesentlich. Orientierung, Wettergespür und Gefühl fürs Gelände müssen im Laufe von Jahren zu Instinkten werden. Methoden zur Sicherung und Selbstrettung kommen dazu.

Links: In der Pordoi-Nordwestwand. Unten: In der Ama-Dablam-Westwand.

Zsigmondys Tod

Die reinste Form des klassischen Bergsteigens finden wir um die Jahrhundertwende, als Männer wie Emil Zsigmondy, Ludwig Purtscheller, Albert Frederic Mummery und Paul Preuß aktiv waren. Alle vier waren ebenso gute Felskletterer wie Eisgeher, allen vieren sind bedeutende Erstbegehungen gelungen, alle vier sind am Berg tödlich verunglückt. Trotz ihrer Erfahrung. Ein Beweis dafür, daß in dieser Form des Bergsteigens niemand je absoluter Meister sein kann.
Mit dem Bericht Otto Zsigmondys über den tödlichen Absturz seines Bruders in der Südwand der Meije am 6. August 1885 möchte ich auf die Gefahren hinweisen und an diesen großartigen Bergsteiger erinnern, der eines der wichtigsten Lehrbücher geschrieben hat.
Emil Zsigmondy war damals 24 Jahre alt, der geistige Kopf der Dreierseilschaft mit Otto und Professor Schulz, in der an die 1000 Meter hohen Fels- und Eisflucht der Meije, an der Emil eine neue Route entdeckt hatte. Sie waren schon hoch in der Wand, auf dem zum Hauptgipfel hin ansteigenden Band, das durch Eisfelder markiert ist und mitten durch die Südwand zieht.

——Hier (auf dem Felsband) waren wir starken Steinfällen ausgesetzt, das Wetter schien drohend, und es herrschte ein starker Sturm. Allein nach einiger Zeit legte sich der Sturm, und das Wetter wurde dann sehr schön. Unter immer größeren Schwierigkeiten drangen wir auf dem Bande vor. So wurde endlich das letzte Eisfeld gewonnen. Hier konn-

Freikletterei in der Südwand des Piz de Ciaváces, Sella-Gruppe, Dolomiten. Freiklettern heißt nicht, auf Zwischensicherungen verzichten.

ten wir nicht mehr in der bisherigen Weise nach links vordringen, sondern das Eisfeld mußte direkt mit Hilfe von Stufen erstiegen werden. Als dies glücklich bewerkstelligt war, kletterten wir ungefähr 40 Meter über glatte, schwierige Felsen beinahe senkrecht aufwärts und kamen dann auf eine horizontale Terrasse. Der Weg über das große Couloir war unmöglich. Was blieb, war der direkte Weg zum Grat empor. Fast senkrechte Pfeiler mit

◁ Die Meije von Süden.

In der Ostwand des Pan di Zucchero.

kleinen, steilen Couloirs durchsetzt. Aussichtslos! Ohne die Sache zu besprechen und ehe wir uns dessen versehen konnten, begann aber mein Bruder, in den Felsen über uns direkt nach aufwärts zu klettern. Die Felsen waren hier senkrecht und glatt ... Wir befanden uns 250 bis 300 Meter unter dem höchsten Gipfel. 25 Meter über uns war ein sich herauswölbender Block und auf demselben eine kleine Terrasse; das war die einzige Stelle, auf welcher man noch hätte notdürftigen Stand finden können. Nachdem das 17 Meter lange Manilaseil ausgegeben war, rief (er) zu uns herun-

Kombiniertes Klettergelände.

ter, ob ich ihm nicht ein kleines Stück nachsteigen könne, um ihm noch einige Meter Seil freizugeben; er mochte nicht mehr allzuweit von dem oberen Bande entfernt sein und wollte jedenfalls dieses durchaus erreichen. Ich hatte zwar gar keine Lust zu Experimenten, da ich jeden weiteren Versuch für aussichtslos hielt, hatte aber natürlich ebenso wenig Ahnung, daß (er) sich in Schwierigkeiten begeben werde, in denen er nicht ganz sicher war ... Trotzdem ich entschieden gegen ein weiteres Vordringen war, konnte ich doch von meinem Standpunkt nicht beurteilen, ob seine Situation es nicht vielleicht wünschenswert oder sogar notwendig erscheinen lasse, daher antwortete ich ihm: »Professor Schulz 20 Meter langes Seidenseil ist noch hier, wenn du es dringend wünschst, so knüpfen wir es an.« Sein mit sichtlicher Freude ausgesprochener Ruf tönte zurück: »Ach, das ist gescheit.« Dies waren die letzten Worte, die ich von meinem Bruder hörte. Das Seidenseil wurde, nachdem es angeknüpft war, langsam ausgegeben und (er) kletterte behutsam höher, bis er sich ungefähr einen Meter unter der erwähnten zweiten Terrasse befand. Hier aber dürfte es absolut unmöglich gewesen sein, weiterzudringen, und er schien sich auf den Rückweg vorzubereiten. Er legte eine Schlinge um einen auf der linken Seite vorspringenden Zacken und begann abzusteigen. Nachdem er ungefähr einen Meter zurückgelegt hatte, erfolgte der verhängnisvolle Sturz. Ich hörte seinen nicht sehr lauten Ausruf »Oh« und unmittelbar ein Geräusch über mir, ergriff darauf sofort die Seillagen, welche noch zum Abwickeln bereit lagen, und wand dieselben um Arme und Hände. Im nächsten Augenblick erhielt ich einen fürchterlichen Schlag auf den Kopf, der mir momentan die Besinnung raubte ... Das Seil wurde von einem Felszacken heruntergerissen, ich wurde umgeschleudert, stürzte der Länge nach auf die rechte Seite hin, wurde eine kurze Strecke geschleift und befand mich über dem Abgrund, konnte aber noch einen vorstehenden Felszacken mit beiden Armen umklammern und mich auf diese Weise halten. Allein, das Seil riß!

(Aus: DAV-Mitteilungen, Nr. 3/1983)

Emil Zsigmondy stürzte mehr als 600 Meter ab und blieb zerschmettert auf dem Gletscher liegen. Den entsetzten Augenzeugen blieben noch fünf Meter Seilrest, um sich die schwierige Route zurückzutasten.

Die Vajolettürme in der Rosengarten-Gruppe von Norden, wenig besucht.

Die Schcheldimauer im Kaukasus. An dieser mehr als 1000 Meter hohen Wand gibt es ein Dutzend klassische, selten begangene Routen.

Tourenplanung

Besonders wichtig ist die Planung einer klassischen Bergtour. Gute Vorbereitung und zweckmäßige Ausrüstung tragen wesentlich zum Gelingen einer Tour bei. Natürlich lassen sich nicht alle Gefahrenmomente vorhersehen. Hier einige wesentliche Überlegungen, um unangenehme Zwischenfälle auszuschalten:

☐ Die Wahl der Tour soll nicht nur den persönlichen Interessen des einzelnen bzw. der Gruppe entsprechen; die jahreszeitlichen Verhältnisse der Route, das Wetter müssen berücksichtigt werden. Schwierigkeitsgrade sind eine Hilfe bei der Wahl.

☐ Anfahrtsweg, Ausgangspunkt und Abstieg sollen daheim schon festgelegt werden. Anhand einer Karte und Skizze (Maßstab 1 : 25000 oder 1 : 50000, Führer) kann der genaue Tourenverlauf geplant werden.

☐ Die Dauer der Tour läßt sich durch die angegebene Zeit, das Wissen um die Erstbegehung und das eigene Können erahnen.

☐ Beim Klettern spielen tausend Faktoren eine Rolle. Die Zeit variiert natürlich nach der persönlichen Leistungsfähigkeit, der Größe der Gruppe, dem Gewicht des Rucksacks und vor allem je nach Witterung und Verhältnissen am Berg.

Grundsätzlich spielt die Zeitdauer am Berg keine große Rolle. Nicht der Schnellste ist der Beste, sondern der Sicherste. In bestimmten Situationen (Wettersturz, Steinschlaggefahr, Biwakrisiko) kann Schnelligkeit Sicherheit bedeuten. Ein guter Bergsteiger klettert weder auf Zeit noch nach Punkten, aber er weiß, wo und wann er schnell sein muß.

Mein Bruder Günther bei der Erstbegehung der Nordwand der Aiguille Argentière. Unten erkennt man die Lawinenausläufer.

- ☐ Steht das Tourenziel fest, informiert man sich, ob die in Frage kommenden Hütten in Betrieb sind. Für den Notfall hat man eine Ausweichroute geplant.
- ☐ Was an Ausrüstung und Proviant mitgenommen wird, hängt von der Schwierigkeit und Länge der Tour ab. Es gilt, sich immer auch für einen unvorhersehbaren Notfall zu rüsten und Informationen über die Wetterlage einzuholen.
- ☐ Die Kletterpartner müssen die Ausrüstung gemeinsam abstimmen. Alles Überflüssige kostet Zeit und Kraft, ist also eine Belastung, oft sogar ein zusätzliches Risiko. Das Fehlen eines wichtigen Ausrüstungsstücks (Helm, Biwaksack) kann den Tod bedeuten.
- ☐ Gemachte Erfahrungen merkt man sich: Was hat sich bewährt, was war überflüssig, was hat gefehlt? Diese Überlegungen helfen bei der Planung der nächsten Bergtour.

Der klassische Bergsteiger will in erster Linie selbst aktiv sein. Das Zuschauen, das Benoten, das die Sportkletter-Szene vergiftet, ist ihm fremd. Abenteuer im Hochgebirge sind nicht meßbar, auch nicht miteinander vergleichbar.

Möglichkeiten und Grenzen

Jean Juge, von 1972 bis 1976 Präsident der UIAA, hat noch als Sechzig- und Siebzigjähriger einige der ganz großen klassischen Alpenwände durchstiegen (u. a. die Eiger-Nordwand). 1978 starb er nach geglückter Durchsteigung der Matterhorn-Nordwand beim Anstieg am Hörnligrat an Erschöpfung. Ein Beweis einerseits dafür, daß das große Bergsteigen auch im fortgeschrittenen Alter möglich ist, andererseits, daß der menschlichen Natur Grenzen gesetzt sind. Juge war ein exzellenter Felskletterer, und seine Erfahrung galt als phänomenal. Widerstandskraft und Ausdauer eines Siebzigjährigen sind jedoch nicht mehr die eines gleich starken Dreißigjährigen.

Ich kenne mehr ältere als junge Bergsteiger, die über ihre Verhältnisse klettern. Es bringt auch nicht viel, wenn man sich von mehreren Führern durch eine überhängende Wand ziehen läßt und oben völlig erschöpft zusammenbricht. Ein selbst geführter Zweier ist mehr wert, als ein Fünfer mit Hängen und Würgen als Seilzweiter.

Unterwegs in klassischen Routen: Fehrmann-Verschneidung an der Guglia di Brenta (links) und in den Rocky Mountains (rechts).

Was für das Erlernen des Kletterns gilt – die Steigerung in vielen kleinen Schritten – gilt umgekehrt für das Bergsteigen im Alter. Trotz Erfahrung zurückzustecken, in kleinen Schritten kürzere, leichtere Touren zu wählen, gehört zum Werdegang auch des erfolgreichsten Bergsteigers. Es ist schwer, auf etwas zu verzichten, was man einmal gekonnt hat; es ist töricht, weil gefährlich, etwas erzwingen zu wollen, wofür man zu alt ist.

Bei keiner Form des Bergsteigens ist die Selbstäußerung so spürbar wie beim klassischen Bergsteigen. Erstbegehungen im entsprechenden Gelände sind fast überall noch möglich. Die eigene Leistungsgrenze, das Legen der eigenen Route (auch bei Wiederholungen), die eigene Erfahrung – das Zusammenspiel all dieser Persönlichkeitswerte wird zu einem Erlebnis ohnegleichen. Es kommt dabei neben der Erfahrung auf Werte an, die wir Bergsteiger »Moral« nennen, eine Summe von seelischer Ausdauer, Entschlußkraft, Ruhe, Leidensfähigkeit.

Die Sicherung ist dabei mehr wie ein Eingeständnis der eigenen Schwäche, oft ein lebensnotwendiger Zusatz. Die Sicherung, die fehlende Sicherheit aufwiegen soll, ist Selbstbetrug. Der Sicherheit muß immer der erste Platz vor der Sicherung eingeräumt werden. Trotzdem plädiere ich, ohne jetzt den seilfreien Alleingänger zu verurteilen, für eine verantwortungsbewußte Sicherung. Wer kann von sich sagen, daß er keine Fehler macht, daß er die Natur beherrscht?

Expeditions-bergsteigen

»Am 18. Mai 1976 standen Heinrich Baumann und Pit Schubert auf dem 7525 Meter hohen Gipfel der Annapurna IV. Sie hatten diesen Siebentausender in Nepal erstmals über die Südflanke bestiegen. Was sie bis dahin riskiert hatten – Lawinengefahr, Schlechtwetter, Erfrierungen – übersteigt das Vorstellungsvermögen eines Durchschnittsbergsteigers. Daß sie den Abstieg überlebten, grenzt an ein Wunder. Obwohl die Expedition in 18 Monaten bis ins kleinste Detail durchorganisiert war und der Expeditionsleiter Pit Schubert als Sicherheitsexperte einmaliges theoretisches Wissen mitbrachte, hätten die beiden Gipfelmänner beim Abstieg ein dutzendmal umkommen können. Im obersten Lager ist der Brennstoff zu Ende. Eine 50 Meter breite Lawine geht zwischen den beiden ab. Beide fallen unangeseilt in eine Spalte und bleiben hängen. Ein Haken, an dem ein Fix-

In der Annapurna-Gruppe (links) und am Noshag (unten) im Hindukusch führte ich im Trekkingstil organisierte Expeditionen.

Für einen Großteil der Gebirge auf dieser Erde gelten, unter Berücksichtigung der gegebenen klimatischen, geologischen und glazeologischen Verhältnisse, dieselben Grunderfahrungen wie für das Bergsteigen in den Alpen.

Knapp unter dem Gipfel des Tent Peak (links). Dieser Trekking-Berg in der Annapurna-Gruppe und der Kilimandscharo (unten) sind ideale Führungstouren.

seil hängt, reißt aus; ein gewagter Balanceakt nur rettet beide vor einem Sturz in die Randkluft. Das Basislager ist inzwischen abgebaut, da der Funkkontakt zwischen oben und unten nicht funktioniert hatte. Nichts mehr zu essen. Der Rückweg ins Tal wird eine einzige Tortur. Daheim gelten Schubert und Baumann für Tage als vermißt.«

Dieser Expeditionsverlauf (nacherzählt aus GEO 11/76) beweist, daß alles theoretische Wissen am Berg sekundär bleibt. Kein anderer Alpinist hat soviel über die Sicherheit beim Bergsteigen geforscht und publiziert wie Pit Schubert. Trotzdem sind ihm an der Annapurna nahezu alle erdenklichen »Fehler« unterlaufen. Es geht hier aber nicht darum, diese Fehler anzuprangern. Schuberts Expedition ist nicht kritisierbar. Nur – der Praxis sollten wir mehr Gewicht geben als der Theorie.

Die höchsten Berge der Welt

Wer nun erstmals ein ihm fremdes Gebirge besucht, »beschnuppert« es zunächst. Auch hier gilt: Führer oder andere Schriften können das Kennenlernen nicht ersetzen; erst wenn man ein Gebirge kennt, beginnt man mit schwierigeren Besteigungen.

Viele entlegene Sechstausender in Südamerika, die meisten Fünftausender und der Mount McKinley in Alaska sowie die gewaltige Gebirgskette zwischen dem Pamir und dem östlichen Himalaya (Hindukusch, Karakorum, Himalaya) übersteigen die Problematik des Alpenbergsteigens. Obwohl es heute falsch ist, bei einer Reise zu einem häufig bestiegenen Berg (wenn dabei Stil oder Route nicht etwas grundsätzlich Neues darstellen) von Expedition zu sprechen, hat sich dieser Ausdruck für Bergfahrten in die großen Gebirge eingebürgert. Die speziellen Gefahren dabei behandle ich in diesem Kapitel.

Aufstieg zu einem Sechstausender im Süden des Dhaulagiri. Hohe und schwierige Berge, besonders dann, wenn sie unbekannt sind, halte ich für organisierte Trekkinggruppen zu gefährlich. Zu einer Expedition gehört vor allem Eigenverantwortung.

Groß- und Kleinexpeditionen

Heute kennen wir zwei grundsätzlich verschiedene Expeditionsstile: den Aufstieg mit Lagerkette und Fremdhilfe als die hergebrachte Form des Höhenbergsteigens und den Alpenstil. Man kann nicht sagen, daß der eine Stil besser oder schlechter ist als der andere. Je nach Ziel wird man sich bei der nötigen Erfahrung auf den einen oder anderen festlegen oder beide Methoden miteinander verbinden.
Der Alpenstil, ein Aufstieg ohne Fixseile, Hochlager, Hochträger und Sauerstoffmasken ist sportlicher; sportlich im Sinne von »by fair means«. Die Beweglichkeit dabei ist ungleich größer als bei der meist schwerfälligen Großexpedition, bei der Probleme der Logistik und gruppendynamische Fragen im Vordergrund stehen.
Obwohl ich die nationalen Expeditionen und »Massenauftriebe« von Clubs persönlich ablehne – wir besteigen die Berge schließlich nicht, um das Selbstbewußtsein eines ganzes Staates oder Vereins zu steigern –, bin ich der Meinung, daß es bergsteigerische Ziele im Himalaya gibt, die von einer Zweierseilschaft im Alpenstil nicht verantwortet werden können.
Derartige Expeditionen gehören zur »Hohen Schule des Bergsteigens« und sollen in einem zweiten Band behandelt werden.

Je größer die Höhe und je kleiner die Mannschaft, um so größer ist das Ausgesetztsein. Die Gefahr ist nicht a priori größer, aber ein und dieselbe Risikosituation ist für die Zweierseilschaft auf 7000 Meter viel problematischer als für eine Großexpedition.
Auch ist der Bergsteiger beim alpinen Stil den Akklimatisationsproblemen eher ausgesetzt. Der alpine Stil verlangt einen ausgeprägten Instinkt für die großen Berge.

Möglichkeiten und Gefahren

Distanzen, Gipfelhöhen und Ausgesetztsein übersteigen, vor allem im Himalaya, das gewohnte alpine Maß. Damit wachsen auch die Gefahren, die Länge der Touren. Alles – Anstrengung, Verhältnisse am Berg, Schlechtwetter – spielt sich in längeren Zeiträumen ab. Davon abgesehen bieten sich den Bergsteigern so unvorstellbar viele Möglichkeiten, daß eine Fahrt meist zu weiteren anregt.

Mit Dough Scott am Mittelgipfel des Chamlang.

◁ Blick von Concordia im Karakorum auf den Broad Peak.

Drei Faktoren sind es in erster Linie, die den Expeditionsbergsteiger stark gefährden: der Sauerstoffmangel, die Witterungsbedingungen und der damit verbundene Zeitdruck, die Lawinengefahr. Erfolgszwang – durch Ehrgeiz, nationales Gehabe oder Subventionen aller Art verursacht – potenziert diese Gefahren. Die Kunst, an den großen Bergen zu überleben, besteht darin, sich ganz langsam zu akklimatisieren, eine sichere Aufstiegsroute zu suchen und Schönwetterperioden voll zu nutzen. Je größer die Fremdbestimmung eines Bergsteigers ist, desto größer das Risiko.

Auch die Träger gehören zur Expedition. Ihnen zu helfen – hier die Überquerung eines Gletscherbaches – ist selbstverständlich. ▷

Obwohl die Besteigung eines Sieben- oder Achttausenders über einen leichten Normalweg (beispielsweise Broad Peak) technisch nicht schwieriger ist als der Aufstieg über den Brenvasporn auf den Mont Blanc, ist ungleich mehr Erfahrung Voraussetzung.
Selbstüberschätzung ist eine häufige »Expeditionskrankheit«, große Risikobereitschaft eine zweite.
Wer lange auf ein »hohes Ziel« gespart und viele Strapazen ertragen hat, kann schwer auf den Gipfel verzichten. Dazu ist zu bedenken, daß man mit der Zeit gegen die Gefahren abstumpft, daß ein Nachlassen der Aufmerksamkeit mit der Länge des Aufenthalts in der Höhe auftritt. Dies alles sollte uns vor Augen stehen, bevor wir zu einer Bergfahrt in einen anderen Kontinent aufbrechen. Das Wichtigste dabei ist das Wiederkommen.
Bedenke: Von den Profi-Bergsteigern kommen 50 Prozent um!

Schlechtwetterfront am Mount Kenya, Ostafrika. Rechts der Point John, ein kühner Kletterturm.

Das Expeditionsbergsteigen ist wie alles alpine Tun Selbstzweck. Wir erobern nichts und besiegen niemanden, wenn wir auf den Nanga Parbat oder Mount Everest steigen. Dies sollten wir bei der Finanzierung, Organisation und Durchführung unserer Auslandsziele immer bedenken. Auch dort gilt die Selbstbeschränkung in der Wahl der Hilfen als Voraussetzung für optimale Selbstentfaltung. Als die »Eroberer des Nutzlosen« sind wir auf unsere eigenen Fähigkeiten und Energien angewiesen; nur ihr ganzer Einsatz garantiert uns das Erlebnis.

Gesetzgeber Natur

Mehr als sonst gilt an den großen Bergen, daß allein die Natur Gesetzgeber ist. Wir leben nicht gegen die Natur, sondern in und mit ihr. Dort oben, wo es weit und breit keine menschlichen Siedlungen gibt und wir uns freiwillig in die einsamste Wildnis begeben, hört auch das gesetzliche Machwerk der Menschen auf. Respekt vor der Natur und deren jahrtausendealten Gesetze sowie Selbstdisziplin sind es, die unser Verhalten bestimmen sollen. Andere Regeln gibt es nicht.

Meine Erfahrungswerte für das Verhalten bei Expeditionen möchte ich in Stichworten zusammenfassen:

- ☐ Daheim informiert man sich über Geographie, Route und Materialbedarf.
- ☐ Wichtig ist das tagelange Beobachten der Aufstiegsroute (mit Ausweichmöglichkeiten) von unten. Lawinenbahnen und Dimensionen einprägen.
- ☐ Entspricht das theoretische Wissen den tatsächlichen Verhältnissen am Berg?
- ☐ Planung und Diskussion der Taktik (Lager- oder Biwakanzahl, Material- und Zeitaufwand).
- ☐ Verteilung von Aufgaben und Verantwortungsbereichen.
- ☐ Besonders bei Großexpeditionen spielt die Zuverlässigkeit der einzelnen Teilnehmer eine wesentliche Rolle.
- ☐ Die beste Akklimatisation erreicht man mit einem verlangsamten Anmarsch. Bei schlechtem Wetter zurück ins Basislager!
- ☐ Starke Kopfschmerzen, schlechter Schlaf, Appetitlosigkeit zeugen von nicht genügender Adaption oder Akklimatisation.
- ☐ Niemals bleibt man bei Symptomen von Höhenkrankheit über dem Basislager, um abzuwarten.

Lawine am Fuße des Mount Everest.

Orientierung im Nebel südlich des Makalu.

Abstieg vom Shisha Pangma.

Hubschrauberrettung am Ama ▷ Dablam.

- ☐ Die Lage muß täglich neu geprüft werden, und zwar bezogen auf den psycho-physischen Zustand der Gruppe sowie die Gefahren am Berg.
- ☐ Je näher der Gipfel rückt, um so weiter ist man von jeder etwaigen Rettung entfernt. Eine selbstkritische Lagebeurteilung ist lebenswichtig.
- ☐ Wer sich allzu sehr von Terminen (Urlaubsdauer) einzwängen läßt, scheitert häufig oder riskiert zuviel.
- ☐ Innere Ruhe und Weitsicht bilden die wichtigsten »Notanker«. Eine Rettungsmannschaft oder der Hubschrauber sind nur in den allerseltensten Fällen zu erwarten.
- ☐ Wer sich verausgabt, erholt sich in der Höhe sehr langsam oder überhaupt nicht mehr.

Ernährung

Die richtige Ernährung am Berg ist ein interessantes und vieldiskutiertes Thema. Die Meinungen darüber gehen auseinander, sowohl unter den Ernährungswissenschaftlern als auch unter den Bergsteigern. Ein allgemein gültiges Rezept gibt es nicht. Hier einige Tips für Essen und Trinken, wie sie sich für mich auf Bergtouren bewährt haben.

- ☐ Wohlbefinden und Leistungsfähigkeit am Berg hängen unmittelbar auch mit der richtigen Ernährung zusammen.
- ☐ Bergsteigen stellt zwar eine intensive Beanspruchung des Organismus dar, doch sollte sich die Nahrungsaufnahme nach den individuell verschiedenen Eßgewohnheiten richten.
- ☐ Ein erfahrener Alpinist gewöhnt sich daran, untertags ohne Essen auszukommen.
- ☐ Auch auf kurzen Touren sollte Notproviant im Rucksack sein.
- ☐ Es gibt keine Pillen, die das Essen ersetzen.
- ☐ Ein Stück Parmesankäse und hartes Brot dazu dienten mir am Berg tagelang als Grundnahrungsmittel.
- ☐ Trinken (Vorsicht bei verseuchtem Wasser!) ist wichtiger als Essen. Mit zunehmender Höhe und zunehmender Anstrengung wächst der Flüssigkeitsbedarf (bis zu 6 Liter pro Tag).

Frühstück auf dem Weg zum Makalu und Kochen im Hochlager.

Rast, Essen und Trinken

Vor langen Anstrengungen können manche »auf Vorrat« mehr essen. Unmittelbar vor der Tour sollte man allerdings keine üppigen Mahlzeiten mehr zu sich nehmen! Ein leicht verdauliches Frühstück ist jedoch wichtig. Wer seinen Körper noch nicht darauf trainiert hat, braucht nach zwei Stunden Gehzeit die erste Proviantpause. Andernfalls tritt Heißhunger mit raschem Leistungsabfall ein. Kohlehydratreiche Nahrungsmittel, also zuckerhaltige Speisen wie Schokolade, Trockenfrüchte, Marmelade, stehen dem Körper rasch als Brennstoff zur Verfügung. Traubenzucker kann ein sprunghaftes Ansteigen des Blutzuckerspiegels mit Übelkeit zur Folge haben. Der Eiweiß- und Fettbedarf wird auf Tour am besten durch Käse, Trockenfleisch oder Fisch gedeckt.

In den letzten Jahren sind eine Reihe von Fertigprodukten (viele auf der Basis von Gefriergetrocknetem) und Konzentrationsnahrungsmitteln auf den Markt gekommen. Diese »Menüs aus der Plastiktüte« sind zwar gewichtsparend, gewiß auch nach dem richtigen Verhältnis der notwendigen Grundbaustoffe zusammengestellt, oft aber langweilig im Geschmack. Nur als Getränk ideal.

Fette, die vorwiegend im Speck, in Wurstwaren und in der Butter enthalten sind, belasten den Verdauungsapparat oft zu sehr.

Für die Ernährung auf langen Reisen sind Vitamine und Mineralsalze wichtig. Der Salzbedarf hängt eng mit dem Wasserhaushalt des Körpers zusammen. Salz-

Mittagsrast auf dem Baltorogletscher.

mangel führt zu Ermüdung und Erschöpfung. Je anstrengender die Tour ist, desto größer wird der Salzbedarf.

Trinken, trinken und nochmals trinken!

Es steht außer Zweifel, daß bei Bergtouren die Flüssigkeitszufuhr wichtiger ist als Essen. Der Bergsteiger soll vor, während und nach der Tour trinken, um seinen Flüssigkeitsverlust auszugleichen. Nicht nur durch den Schweiß, vor allem durch das rasche Atmen, die Hyperventilation, verliert der Körper Wasser. Die Flüssigkeitszufuhr erfolgt in erster Linie durch Wasser (Quell-, Schnee-, Regenwasser), Getränke (Obstsäfte, Tee). Besonders wichtig sind auch Mineralgetränke und flüssige Nahrung (Suppen). Schmelzwasser enthält zwar keine Mineralstoffe, auf Expeditionen deckt es aber, mit Mineralstoffen angereichert, oft über Wochen den Flüssigkeitsbedarf.
Die Getränke dürfen nicht zu kalt sein (Magenverstimmung!). Alkohol ist während der Tour ein zusätzlicher Risikofaktor, da er die Leistungsfähigkeit mindert und die Konzentration herabsetzt. In kleinen Mengen während einer Expedition oder im Biwak (am besten mit Tee) genossen, wirkt er appetitanregend. Auch animiert er, mehr zu trinken.

Grundsätzlich sollte man unterwegs trinken, wenn man Durst hat, und das essen, was man von zu Hause her gewöhnt ist. Nur bei wochenlangen Touren ist genau auf ein ausgewogenes Verhältnis der drei Grundnahrungsstoffe Kohlehydrate, Fett und Eiweiß zu achten. In großer Höhe muß man sich vor allem zum Trinken zwingen, weil das Durstgefühl schwindet (Enervit).

Es ist gefährlich, unterhalb der höchsten Siedlung unabgekochtes Wasser zu trinken. Infektionsgefahr! Auch Quellwasser kann verseucht sein.

Beim Bergsteigen handelt es sich in den meisten Fällen um eine Sportart, die Ausdauer verlangt. Zu diesem Zweck ist eine gesunde glykogenspeichernde Leber wichtig sowie eine kohlehydratreiche Ernährung (Brot, Obst, Gemüse, Zucker).

Nach einigen Bergtouren schon stellt sich der Körper auf die Daueranstrengung ein. Wer seinen Biorhythmus kennt und gut trainiert ist, kann sechs bis acht Stunden ohne Kräfteabfall gehen oder klettern, ohne dazwischen etwas zu essen.

Ausrüstung

Die eigene Erfahrung, das eigene Können und der eigene Geschmack sind bei der Wahl der Ausrüstung und Bekleidung wichtiger, als Werbeslogans oder Modetrends kritiklos zu folgen. Nicht was andere haben ist ausschlaggebend, sondern was man selber braucht.
Der gute Bergsteiger braucht möglichst wenig und hat doch alles dabei.

Das Angebot an Bergsportartikeln und -bekleidung ist unüberschaubar. Ein Neuling tut sich schwer, ohne fachmännische Beratung eine passende Alpinausrüstung zusammenzustellen. Für die Auswahl sind Zweckmäßigkeit, Sicherheit sowie Qualität der Gegenstände maßgebend, weniger modische Aspekte. Grundsätzlich läßt sich die Ausstattung des Bergsteigers in Bekleidung und technische Ausrüstung einteilen. Den Kauf von Ausrüstungsgegenständen sowie der nötigen Bekleidung erledigt man am besten je nach Bedarf (Können) und Stück für Stück. So wenig es Sinn hat, sich für eine Dolomitenwanderung mit Seil und Klemmkeilen auszurüsten, so dumm ist es, in der Eiger-Nordwand auf den Helm zu verzichten.
Modische Elemente haben die Bergsteigerbekleidung von Anfang an geprägt, auch gab es immer wieder Ausrüstungsstücke, die mehr aus einem Modebedürfnis als einer Notwendigkeit erwuchsen.

Die Ausrüstung ersetzt keinesfalls das technische Können und die Erfahrung. Die richtige Ausrüstung trägt jedoch zur Sicherheit am Berg bei und soll sorgfältig ausgewählt werden.

Die Selbständigkeit eines Bergsteigers erkennt man bereits im Tal auch an seiner Ausrüstung. Nachäffen und abschauen gilt für einen nur solange, als es ihm an Erfahrung und Persönlichkeit fehlt. Auf die speziellen Eigenschaften der technischen Ausrüstung einzugehen, würde den Rahmen dieses Buches sprengen. Eine Checkliste soll die persönliche Tourenplanung erleichtern.

Am Ortler (links) ist Ausrüstung wichtig – am Everest (unten) lebenswichtig.

Zwei sowjetische Eisschnellkletterer an einer senkrechten Spaltenwand. Jeder benützt zwei Eisfiffis.

Bekleidung

Die Unterbekleidung muß atmungsaktiv und schweißsaugend sein und den Körper warmhalten. Nach Möglichkeit soll die Feuchtigkeit nach außen abgegeben werden. Für mehrtägige Bergtouren ist unbedingt Wäsche zum Wechseln mitzunehmen. Die Strümpfe sollen warm und weich sein, mit einem gutsitzenden Knieabschluß. Strümpfe aus Wolle mit Frotteeinnenseite sind günstig. Bei Unterziehpullis soll der Kragen geöffnet werden können.
Ob jemand die Bundhose der langen Hose vorzieht, ist eine Frage des Geschmacks. Entscheidend sind die Bewegungsfreiheit und die Strapazierfähigkeit. Wichtig ist auch, daß die Hose schnell trocknet. Die Latzhose, die das Heraufrutschen des Hemdes verhindert und die Nieren besser schützt, hat ihre Vorteile.
Der Pullover soll warm und nicht zu schwer sein. Mehrere dünne Bekleidungsschichten sind besser als eine dicke.
Der ideale Anorak ist leicht, atmungsaktiv und zugleich wasserdicht. Gore-Tex-Material kommt den gestellten Anforderungen am nächsten. Ein Anorak soll strapazierfähig sein und eine Kapuze sowie einen Armabschluß haben.
Zur Bekleidung gehören auch eine Kopfbedeckung (Kälte- und Sonnenschutz) sowie Handschuhe (Fäustlinge oder Fingerhandschuhe).
Als Regenschutz kann entweder ein Regenumhang oder ein Überanzug verwendet werden. Auch ein zusammenschiebbarer Schirm kann seine Vorteile haben.

Auch schönes Wetter darf den Bergsteiger nicht verleiten, auf die wichtigen Teile der Bergbekleidung zu verzichten, denn die Verhältnisse im Gebirge können sich sehr schnell verändern.

In Kathmandu, beim Verteilen der Expeditionsausrüstung für die Sherpas nach Vorschrift der Regierung.

Checkliste für Bekleidung und Ausrüstung

Vom Hochgebirgswandern bis zum Achttausender

	W	F	E	T	H	S
Berghose	x	x	x	x	x	x
Pullover	x	x	x	x	x	x
Wollhemd	x	x	x	x	x	x
Wollunterwäsche	–	–	x	x	x	x
Wollstrümpfe	x	x	x	x	x	x
Anorak	x	x	x	x	x	x
Sturmanzug				x	x	
Daunenjacke			–	x	x	x
Wollmütze	x	x	x	x	x	x
Sturmhaube			–	x	x	–
Regenumhang	–	–	–	x	–	
Wollhandschuhe (2 Paar)	x	x	x	x	x	x
Überhandschuhe			–	–	x	x
Bergschuhe/ Trekkingschuhe	x	x	x	x	x	
Gamaschen	–		x	x	x	x
Plastikschuhe mit Aveolit Innenschuh			–	–	x	x
Felskletterschuhe		x				
Kletterseil		x	x		x	–
Rucksack	x	x	x	x	x	x
Daunenschlafsack	–	–	–	x	x	–
Thermosflasche	–	–	–	x	x	x
Wasserflasche	x	x	x	x	x	–

	W	F	E	T	H	S
Gletscherbrille			x	x	x	x
Reepschnüre	–	x	x		x	x
Karabiner	–	x	x		x	–
Friends, Klemmkeile		x			x	
Felshaken		–			–	
Kompaß	–	–	–	–	x	x
Höhenmesser	–	–	–	–	x	–
Eisschrauben			x	–	x	–
Eispickel			x	–	x	–
Eisfiffi			x	–	x	–
Steigeisen			x	–	x	–
Biwaksack	–	x	x	–	x	x
Lippenschutz	–	–	x	x	x	x
Heftpflaster	x	x	x	x	x	x
Rucksackapotheke	x	x	x	x	x	x
Ski						x
Stöcke (verlängerbar)						x
Felle						x
Steigwachs						–
Sonnenhut	–			x	x	–
Steinschlaghelm	–	x	x	–	–	
Schreibzeug	–	–	–	–	–	–
Mehrzweckmesser	–	–	–	–	–	–

	W	F	E	T	H	S
Sturmhölzer	–	–	–	x	x	–
Plastikteller	–			x	x	–
Besteck	–	–	–	x	x	–
Dosenöffner	–	–	–	x	x	–
Becher	x	–	–	x	x	–
Wasserschlauch (30 cm)	–	–	–	–	–	
Reservebrille	–	–	–	–	–	–
Taschenlampe	–			–		–
Stirnlampe		–	–		x	
Ersatzbatterie	–	–	–	–	x	
Sicherheitsnadeln	–	–	–	–	–	–
Nähzeug	–	–	–	–	–	–

W = Wandern
F = Fels
E = Eis
T = Trekking
H = Höhenbergsteigen
S = Skibergsteigen

x = unbedingt notwendig
– = bedingt notwendig

Strom- und Wasserleitungen, Kläranlagen und Mülldeponien. Zumindest für die Bauzeit sind Straßen und Erdbewegungen notwendig. Die Wunden hoch oben am Berg verheilen nur schwer. Es gilt aber auch, jeden überflüssigen Lärm (Schreien, Privatflugzeuge, Motorenlärm) im Gebirge zu vermeiden, die Luft nicht zu verpesten.
Dies alles erscheint selbstverständlich, und doch ist es enttäuschend, wenn man auf manchen Touren feststellen muß, wie vielerorts das biologische Gleichgewicht der Bergwelt durch unser rücksichtsloses Verhalten gestört wird.

▽ **Vor dem Aufbruch prüfe ich die einzelnen Ausrüstungsgegenstände.**

△ **Der Schlern mit Santner- und Euringerspitze von der Seiser Alm aus.**

Wir bevölkern und verändern die Berge

Die Forderung nach Natur- und Umweltschutz darf kein leeres Schlagwort bleiben. Wir Bergsteiger gehen in alpine Regionen, auch um die Natur in ihrer Ursprünglichkeit zu erleben. Wir haben also die Pflicht, diesen Raum vor ungerechtfertigten Eingriffen zu schützen.
Nicht nur der Bau von Aufstiegshilfen (Straßen, Seilbahnen, Lifte) zerschneidet das ursprünglich harmonische Landschaftsbild. Auch Hütten gibt es jetzt mehr als genug, und jeder von uns, der etwas liegen läßt oder mehr Komfort fordert, belastet die Gebirge unnütz. Die immer komfortabler werdenden Beherbergungs- und Gastbetriebe brauchen

Basislager am Fuße des Shisha Pangma in Tibet. Es ist Gebot, die Lagerstelle sauber zu hinterlassen.

Jeder von uns hat das gleiche Recht, die Berge zu besuchen; keiner hat allerdings das Recht, sie zu verändern. Im Gegenteil, wir haben die Pflicht, sie den anderen »unberührt« zu hinterlassen. Wie sollen die nächsten Generationen die Hochgebirgsnatur erleben, wenn wir sie verbauen, erschließen, zähmen. Wenn auch allein unser Dasein, unser Dagewesensein die Berge verändert, ein umweltbewußter Bergsteiger hinterläßt keine sichtbare Spur.

Die wesentlichen Anliegen der Naturschützer müssen auch unsere Anliegen werden:

- ☐ Es gilt, das ursprüngliche Landschaftsbild zu erhalten.
- ☐ Die charakteristische Flora und Fauna muß nicht nur geschützt bleiben, wir dürfen sie auch möglichst wenig stören. Es geht dabei nicht nur um Einzelexemplare, sondern um die Erhaltung der natürlichen Lebensbedingungen.
- ☐ Keinerlei Müll darf in den Bergen deponiert werden. Auch nicht dort, wo keine Warntafeln sind.
- ☐ Eine Weitererschließung der Bergregionen muß vermieden werden. Bergsteiger dürfen im Gebirge nicht den Luxus (Transportwesen, Gastgewerbe) verlangen wie im Tal.
- ☐ Jeder von uns ist auch dafür verantwortlich, daß »wertlose« Urlandschaften als solche gerettet werden.

Sechstausender zwischen Makalu und Chamlang (rechts hinten).

Bergsteigerschulen

Bergsteigen ist nicht aus Büchern erlernbar. Bergsteigen lernt man durch das Unterwegssein im Gebirge. Nur die allerwenigsten von uns bringen die Geduld und die Intuition mit, im langen und gefährlichen Lernprozeß keine Fehler zu machen.
Ich empfehle deshalb jedem, sich einem Lehrmeister – einem erfahrenen Freund, noch besser einem Bergführer – anzuvertrauen. Es gibt auch »Lehrer«, die aus Überheblichkeit oder aus einer Art Sendungsbewußtsein Gruppen von Jugendlichen mit in die Berge nehmen, ohne dafür geschult zu sein. Vor solchen »Rattenfängern« warne ich ausdrücklich!
Am einfachsten ist es wohl, wenn man sich einer Bergsteigerschule anvertraut. Es gibt heute allein in den Alpen über 100 davon. Die geprüften Berg- und Skiführer, die dort als Lehrer tätig sind, haben durchwegs sehr viel Erfahrung. Sie sind geduldig und geben das Wissen weiter, das sie selbst in Jahrzehnten am Berg gesammelt haben.

An der Dreierkante in den Glatschköfeln. In Aktion, von unten für jeden Kursteilnehmer greifbar nahe, erkläre ich die Drei-Punkte-Regel.

Alpinschule Südtirol Messner

Wer ein selbständiger Bergsteiger werden will, sollte zwischen den einzelnen Kursen (einen Grad leichter als gelernt) mit seinen Freunden auf die Berge steigen. Auch in den besten Bergsteigerschulen (Alpinschulen) kann niemand innerhalb eines Sommers zum Könner werden.
Seit mehr als zehn Jahren leite ich zusammen mit meinem Bruder Siegfried eine Bergsteigerschule: die »Alpinschule Messner Südtirol« (Bozen, Sportler, Lauben). Darin unterrichten nur erfahrene, staatlich geprüfte Bergführer. Unsere Kurse finden ausschließlich in Südtirol statt (Dolomiten, Ortler-, Rieserferner-Gruppe usw.). Nur einmal im Jahr organisieren wir für unsere erfahrenen Schüler eine kleine Expedition zu den Bergen der Welt.
Wir erarbeiten alljährlich ein Kursprogramm, das für jedes Können und jeden Wunsch Möglichkeiten bietet. Unsere pädagogisch geschulten Lehrer arbeiten nach meinen Direktiven – und nach dieser Lehrschrift.

Im Klettergarten Glatschköfel am Nordfuß der Geislerspitzen hat mich mein Vater das Felsklettern gelehrt. Dort trainiere ich heute noch am liebsten. Und dort geben wir im Rahmen der »Alpinschule Messner Südtirol« unsere Erfahrungen an unsere Schüler weiter.

Lehrbücher

Es gibt heute so viele alpine Lehrbücher, daß es nahezu unmöglich ist, sie alle zu lesen. Durch die Tatsache, daß sich das Bergsteigen in mehrere Disziplinen aufgesplittet hat, behandeln viele Lehrbücher jeweils nur einen Teilbereich des Alpinismus.
Da es in diesem Rahmen aus platzmäßigen Gründen unmöglich ist, alle Lehrbücher aufzuzählen, beschränke ich mich auf die hauseigenen (BLV, München), die als Ergänzung zu meiner Lehrschrift völlig ausreichen.

Alpin-Lehrplan (bis 1984 erschienene Bände):

Sturm/Zintl, Bergwandern (1)
Sturm/Zintl, Felsklettern (2)
Siegert, Skibergsteigen (4)
Fuchs/Hasenkopf, Bergwandern – Bergsteigen mit Kindern (5)
Albrecht/Jaeneke/Sommerhoff/Kellermann, Wetter – Lawinen (9)
Fuchs/Hasenkopf, Orientierung – Alpine Gefahren (10)
Riess/Schauer, Pflanzen und Tierwelt – Lebensräume – Naturschutz (12)
Alle Bände werden vom Deutschen Alpenverein in Verbindung mit dem Österreichischen Alpenverein herausgegeben.

Fuchs, richtig bergsteigen
Radlinger/Iser/Zittermann, Bergsporttraining – Kondition, Technik und Taktik aller Bergsportdisziplinen
Sturm/Zintl, Sicheres Klettern in Fels + Eis

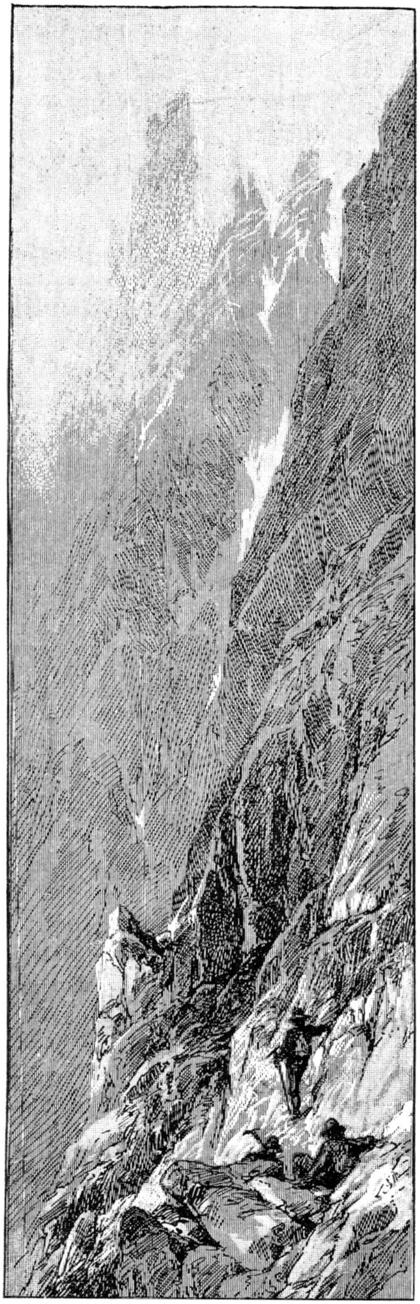

Aktiv sein und überleben

Die Kunst des Bergsteigens bestehe darin, mit ihr alt zu werden, sagten und sagen mehrere berühmte alte Bergsteiger. Und sie haben recht. Trotzdem braucht jeder aktive Bergsteiger auch Glück. Es wäre vermessen, Persönlichkeiten wie Paul Preuß, Albert Frederic Mummery oder Hermann Buhl ihr Können abzusprechen, weil sie in den Bergen umkamen. Wer selbst nicht mehr auf die Berge steigt, kann leicht von Sicherheit reden. Bergsteigen ist und bleibt in erster Linie Aktivität. Deshalb ist alles Theorie, was nicht selbst erfahren, entschieden, durchgestanden wurde.

Ein guter Bergsteiger bemüht sich, im Bogen seines Lebens seine wechselnde Leistungsfähigkeit zu akzeptieren und seine Ziele danach zu richten; sich in jedem Gelände, ob Eis, Fels, Schrofen, Schneefelder, Himalaya oder Alpen, sicher bewegen zu können. Er tut alles, um von jeder Tour heil zurückzukommen. Ob er dabei am Gipfel war oder nicht, spielt eine untergeordnete Rolle.

Ich persönlich habe mit fünf Jahren meinen ersten Dreitausender bestiegen. Sollte ich das Glück haben, gesund zu bleiben, würde ich froh sein, mit 70 oder 80 noch einen Dreitausender zu schaffen. Die Erlebnisintensität hängt auch von der Kraft, vom Alter ab. Mein Abenteuer mit fünf am Sass Rigais war ebenso groß wie das mit 25 am Nanga Parbat. Das mit 70 auf dem Großglockner kann größer sein, als das mit 35 auf dem Mount Everest.

Ob im Fels der Dolomiten, im Schnee am Ortler, im Hindukusch oder unter den Séracs am Nanga Parbat – nur wache Sinne garantieren ein Überleben.

Wichtige Ausbildungsliteratur für Bergsteiger

Alpin-Lehrplan

Herausgegeben vom Deutschen Alpenverein in Zusammenarbeit mit dem Oesterreichischen Alpenverein

Dieser neue Alpin-Lehrplan – unter den modernsten didaktischen Erkenntnissen erarbeitet – faßt in 13 Einzelbänden alles zusammen, was über Technik, Methodik, Training, Theorie und Ausrüstung des Bergsteigens in Fels und Eis, in den Alpen und den Bergen der Welt bekannt ist und in der Praxis gelehrt wird.
Der Lehrplan dient der Ausbildung von Bergführern und Bergsteigern. Die informative Kombination von Text, Foto und Grafik macht ihn zu einem anschaulichen Lehrbuch.

Günter Sturm/Fritz Zintl

Band 1: Bergwandern

Gehen auf alpinem und weglosem Gelände, Begehen von Firnfeldern und Klettersteigen.

2., durchgesehene Auflage,
70 Seiten, 84 Fotos,
42 Zeichnungen

Günter Sturm/Fritz Zintl

Band 2: Felsklettern

Kletter- und Sicherungstechnik, Ausrüstung und Bekleidung, Selbsthilfe, Kameradenhilfe und alpinen Taktik.

2., völlig neubearbeitete Auflage,
176 Seiten, 331 Fotos,
118 Zeichnungen

Alfred Siegert

Band 4: Skibergsteigen

Theoretische und praktische Kenntnisse, Sicherheit, Ausrüstung, Bekleidung und alpine Taktik.

119 Seiten, 140 Fotos,
55 Zeichnungen

Hans Fuchs/Arnold Hasenkopf

Band 5: Bergwandern/Bergsteigen mit Kindern

Unter Berücksichtigung modernster didaktischer Erkenntnisse: alle Aspekte des Bergwanderns und Bergsteigens mit Kindern.

180 Seiten, 175 Fotos,
35 Zeichnungen

Volker Albrecht/Matthias Jaeneke/
Gerd Sommerhoff/Walter Kellermann

Band 9: Wetter – Lawinen

Wetter- und Lawinenkunde für Bergwanderer, Bergsteiger, Skifahrer und Skitouristen.

191 Seiten, 130 Fotos,
107 Zeichnungen

Hans Fuchs/Arnold Hasenkopf

Band 10: Orientierung/Alpine Gefahren

Umgang mit Karte und Kompaß, Anwendung des Höhenmessers, richtiges Verhalten in Situationen der Gefahr und bei Unfällen.

159 Seiten, 85 Farbfotos,
115 Zeichnungen

Wulf Riess/Thomas Schauer

Band 12: Pflanzen- und Tierwelt/ Lebensräume – Naturschutz

Alpenpflanzen und -tiere, Gesetzmäßigkeiten und Zusammenhänge der Lebensräume, Naturschutzmaßnahmen, gefährdete Arten.

173 Seiten, 48 Farbfotos,
80 s/w-Fotos, 46 Zeichnungen

In Vorbereitung:

Band 3: **Eisgehen**
Band 6: **Ausrüstung – Sicherung – Sicherheit**
Band 7: **Bergmedizin – Ernährung – Training**
Band 8: **Erste Hilfe – Bergrettung**
Band 11: **Geologie – Geographie**
Band 13: **Lehren und Lernen im Bergsteigen**

---

blv sportpraxis 222
Hans Fuchs

richtig bergsteigen

Ausrüstung, Technik und Training für Bergwanderer; Ausrüstung, Knoten, Technik und Training für Bergsteiger; Sicherungstechnik, Planung von Klettertouren, Bergrettung, Orientierung im Gebirge, Wetterkunde, Gefahren in den Bergen.

127 Seiten, 103 Farbfotos,
34 s/w-Fotos, 54 Zeichnungen

---

blv sportwissen 408
Lorenz Radlinger/Walter Iser/
Hubert Zittermann

Bergsporttraining

Trainingswissenschaftliche Grundlagen, Trainingsmethoden für die Bereiche Technik, Kondition und Taktik im Bergsport.

176 Seiten, 109 Fotos, 96 Grafiken,
21 Bildserien mit 72 Einzelfotos

BLV Verlagsgesellschaft München